Gerhard Wagner
Paulette am Strand

Gerhard Wagner

Paulette am Strand

Roman zur Einführung in die Soziologie

**VELBRÜCK
WISSENSCHAFT**

Erste Auflage 2008
© Velbrück Wissenschaft, Weilerswist 2008
www.velbrueck-wissenschaft.de
Umschlaggestaltung: Ruben Wagner
unter Verwendung der Fotografie
»Woman Walking on Beach«
(Kollektion Photonica)
von Safia Fatimi
Layout und Satz: Wolfgang Barus
Druck: Hubert & Co, Göttingen
Printed in Germany
ISBN 978-3-938808-52-2

Bibliografische Information der Deutschen Nationalbibliothek
Die Deutsche Nationalbibliothek verzeichnet diese Publikation in der
Deutschen Nationalbibliografie; detaillierte bibliografische Daten
sind im Internet über http://dnb.ddb.de abrufbar.

Eine digitale Ausgabe dieses Titels
in Form einer text- und seitenidentischen PDF-Datei
ist im Verlag Humanities Online erhältlich.
(www.humanities-online.de)

Samstag

»Du bist verrückt«, flüstert Anne. »Studieren?«

»Warum nicht?« Paulette rappelt sich hoch und stakst zum Mansardenfenster, hinter dem der Morgen sein Rouge auflegt. Madame Bouchon, die Concierge, knallt wie gewöhnlich ihren Blecheimer mit Javelwasser auf den Beton des Innenhofs, um die Mieter aus dem Schlaf zu reißen.

»Ich sage Dir, Anne, der gallische Hahn ist in der Stadt zur galligen Hausmeisterin mutiert.«

Anne räkelt sich in den Kissen. »Klingt plausibler, als dass eine Kassiererin zur Studentin mutiert. Da kannst Du noch so viele Abendkurse besuchen und Bücher lesen.«

»Dann bin ich eben die Erste!« Paulette dreht sich abrupt um. »Außerdem bin ich nicht nur Kassiererin …«

»… sondern auch noch Kellnerin und Babysitterin …«

»… und Nachhilfelehrerin!«

»Nur weil Du den schwarzen Kröten ein paar Brocken Französisch beibringst, bist Du noch lange keine Lehrerin.«

»Ich unterrichte, also bin ich Lehrerin. Das sage ich wie Descartes!«

»Soviel ich weiß, war Descartes keine Lehrerin.« Anne lächelt ironisch.

»Sei nicht albern! – *Ich denke, also bin ich!* Das war sein Motto.« Paulette tippt sich an die Stirn.

»Du *denkst* also daran, Philosophie zu studieren?«

»Nein, Soziologie! Mich interessiert, was da draußen los ist.« Paulette weist mit dem Kinn zum Fenster.

»Na was schon? Außer dass es immer mehr Schwarze und immer weniger Jobs gibt – und wenn ich mich jetzt nicht beeile, werde ich meinen auch verlieren.« Anne flitzt zur Dusche.

Paulette nörgelt hinterher: »Na und? Kisten schleppen, Regale auffüllen, Preise auszeichnen, die Zigarette auf dem Klo, der Fraß in der Kantine, die ewige Anmache von Monsieur. *Ich* bin nicht nach Paris gekommen, um mich damit abzufinden.«

»*Du* fährst heute in den Urlaub, also beklage Dich nicht!« Paulette kramt ihre Sachen zusammen, die im Zimmer herumliegen: die Flip-Flops mit den Schmetterlingen, den großblumigen Hänger mit den Spaghettiträgern, das sommerleichte Sternenkleidchen, *Das Kommunistische Manifest*, das Pfefferspray, *Das Mädchen mit den Goldaugen*, den neuen Bikini, den Anne zu string findet, die *Elementarteilchen* ... »Hast Du meine Sonnenbrille gesehen?«

Ihren Haarschopf frottierend, kommt Anne aus dem Bad. »Die Du auf den Champs-Elysées geklaut hast?«

»Du hast das Talent zur Bewährungshelferin!« Paulette angelt nach einem roten T-Shirt und einer zerschlissenen Jeans, aber Anne schnappt ihr beides weg. »Die sind für mich! Das sind die Farben der Stadt, schließlich muss ich hier bleiben!«

Anne schlüpft in die Klamotten. »Vergiss nicht, mich anzurufen!« Sie haucht Paulette einen Abschiedskuss auf die Wange und ist auch schon verschwunden.

～

Der *TGV* nach Nantes gleitet durch die sommerliche Landschaft. Paulette muss an die Theorie eines Philosophen denken, über den sie einen Artikel im *Magazine littéraire* gelesen hat: Die Geschwindigkeit vernichtet den Raum und verdichtet die Zeit. Das mit dem Raum scheint zu stimmen. Dazu muss man nur aus dem Fenster blicken. Der Zug frisst die Strecke in sich hinein. Aber was bedeutet es, dass die Geschwindigkeit die Zeit verdichtet? Dass man immer mehr immer schneller erledigen muss, wie im Supermarkt? Steht das nicht schon bei Balzac? Sie nimmt *Das Mädchen mit den Goldaugen* aus ihrer Tasche und blättert … Leise liest sie »*… hier gilt es, die Zeit zu erjagen, sie zusammenzudrängen, in Tag und Nacht mehr als vierundzwanzig Stunden zu finden, sich zu zermürben und zu entnerven, zwei Jahre siecher Altersruhe mit einem ganzen Leben zu erkaufen.* Trübe Aussichten … «

Kurz nach Tours betritt eine Dame, für die das Wort *Matrone* erfunden wurde, das Abteil. Instinktiv nimmt Paulette ihre Beine vom Sitz. Der Zug scheint langsamer zu fahren, als müsste er sich anstrengen, auch noch diese Masse zu beschleunigen. Die Dame, die Paulette an Jellosubmarine, die zänkische Frau des Fischhändlers in den Asterix-Comics, erinnert, lässt ihren Koffer mitten ins Abteil und sich selbst in den Fensterplatz Paulette gegenüber plumpsen. Ihr Parfum, viel zu schwer für den Sommer, schwängert die Luft. »Voilà!«

Wieder zu Atem gekommen, verengen sich auch schon ihre Augen. »Sie fahren doch sicher ans Meer, meine Kleine.«

»Was hat mich verraten?«, grinst Paulette zurück.

»Köstlich! Ich auch! Seit zwanzig Jahren fahre ich das erste Mal nicht nach Deauville. Mein Mann war ein Gewohnheitstier. Im Dezember habe ich ihn begraben. Das Herz. Aber das Leben geht weiter …«

Paulette gähnt demonstrativ, wobei sie es, um möglichst abschreckend zu wirken, vermeidet, die Hand vor den Mund zu nehmen.

»Ich habe mir vorgenommen, jeden Sommer woanders zu verbringen. In diesem Jahr hat mich meine Schwester nach Saint-Nazaire eingeladen. Ihr Mann ist schon lange tot. Ein

Unfall. Dann hat sie es ein paar Jahre lang mit einem anderen versucht. Einem Trinker, was sie am Anfang natürlich nicht wusste. Zum Glück ist sie ihn wieder los. Er hat sie geschlagen. Denken Sie nur!«

»Da hat sie ihn rausgeworfen.«

»Er ist abgehauen. Dummerweise mit ihrem Schmuck. Jetzt soll er sich unten in Nizza herumtreiben.« Jellosubmarine setzt erneut ihren inquisitorischen Blick auf. »Was machen *Sie*, wenn ich fragen darf?«

»Ich werde Soziologie studieren!«

Jellosubmarine rümpft die Nase.

»Was dagegen?«

»Aber keine Spur, meine Kleine. Ich weiß nur nicht, wozu das gut sein soll. Neulich haben sie im Tele eine Soziologin interviewt, die herausgefunden hat, dass Frauen im Haushalt mehr tun als Männer. Das hätte ich denen auch erzählen können. Mein Pierre war gewiss ein braver Mann. Gott befohlen! Aber im Haushalt hat er keinen Finger krumm gemacht. Selbst als ich die Totaloperation hatte und wochenlang nichts heben konnte, blieb alles an mir hängen.«

Paulette seufzt im Bewusstsein, wieder einmal nicht rechtzeitig die Bremse gezogen und sich der Redseligkeit der Leute ausgeliefert zu haben. Was bringt die nur dazu, ihre intimsten Dinge wildfremden Menschen zu erzählen?

»Hören Sie? Alles blieb an mir hängen!«

»Ja, so wie ihr Schmuck …«

Während fleischige Finger nach Perlen tasten, geht Paulette zum Angriff über. Balzac beiseite legend, fischt sie *Das andere Geschlecht* aus ihrer Tasche und hält das Buch wie ein Stoppschild hoch. »Simone de Beauvoir! Fragen Sie mich jetzt bitte nicht, ob sie die Geliebte von Sartre war!«

»Meinen Sie den schielenden Kommunisten?«

»Er war einer der größten Philosophen des 20. Jahrhunderts. Aber die Beauvoir war auch ohne ihn eine Persönlichkeit. In diesem Buch hat sie nachgewiesen, dass der Mann die Frau seit der Bronzezeit unterdrückt. Sie hätten Pierre in einem dieser Hügelgräber beisetzen sollen!«

»Ich muss doch sehr bitten!«

»Warum erzählen Sie mir auch von Ihrem Patriarchen und Ihrer Totaloperation?«

»Oh, Mademoiselle wünschen in Ruhe gelassen zu werden. Bittesehr!« Nach Art der Fischhändlerinnen schnappt sich Jellosubmarine eine zerpflückte Zeitung auf dem Nebensitz und breitet sie mit unangenehm lautem Geraschel aus. Von nun an hängt der *Figaro* wie ein eiserner Vorhang im Abteil.

~

Von Nantes bummelt der Anschlusszug an den leeren, hitzeflimmernden Bahnsteigen der Dorfbahnhöfe vorbei über Savenay und Saint-Nazaire nach La Baule, das auf Kinoleinwand großen Plakaten wirbt, einen der schönsten Strände Europas zu besitzen.

Als Paulette den Bahnhof verlässt, öffnet sich ihr Mund vor Staunen. Im Schatten der großen Platanen, die den quadratischen Vorplatz einrahmen, schaut eine Menschenmenge einigen meist älteren Paaren zu, wie sie zur melancholischen Musik einer aus Violine, Akkordeon und Kontrabass bestehenden Combo tanzen. Schleppenden Schritts schiebt ein Mann mit weißem Hemd, Weste und Hut seine Partnerin im indigofarbenen Plisseekleid an Paulette vorbei. Ihre Wangen scheinen aneinander zu kleben, die ernsten Blicke in dieselbe Leere stierend.

»Ist das Walzer?«

»Tango! Das ist Tango«, antwortet die Dame neben ihr.

»Die lassen sich hier aber allerhand einfallen für die Touristen.«

»Das hat nichts mit Tourismus zu tun. Die Menschen hier lieben es zu tanzen.«

»Warum tanzen Sie nicht mit?«

»Weil ich momentan weder traurig noch geil bin …«

Paulette stutzt.

Die Dame streicht sich durch ihr glattes, schulterlanges rotes Haar, das über dem linken Auge gescheitelt eines jener Gesichter einrahmt, bei denen man in den Modemagazinen nicht weiterblättert. »Der Tango, sagen die einen, ist ein trauriger Gedanke, den man tanzen kann. Andere sagen, der Tango sei der vertikale Ausdruck eines horizontalen Verlangens.«

»Hauptsache man bringt den versteinerten Verhältnissen das Tanzen bei! Sagt Marx. Also der weltweiten Ausbeutung und Unterdrückung! Dem ganzen Elend! Deshalb sind die Menschen doch so traurig.«

Mit einem flüchtigen Lächeln, das um ihre Mundwinkel zuckt, wendet sich die Dame ab und verschwindet im Schatten der nahen Straße.

Paulette nimmt einen Apfel aus ihrer Tasche und schlendert genüsslich kauend durch die Gassen der Altstadt auf der Suche nach einem Hotel. Nach kurzem Weg entdeckt sie das *Beauregard*, das einen Anstrich vertragen könnte, dafür aber ihrer Reisekasse entspricht. Die Klingel auf dem Tresen schrillt laut und lässt den Portier wie von der Tarantel gestochen von seinem Liegestuhl hochfahren. »Wer zum Teufel?«

»Bonjour, Monsieur!« Paulette strahlt wie die jungen Angeklagten in den Gerichtsserien im Tele, wenn sie auf *nicht schuldig* plädieren. »Haben Sie ein Zimmer?«

Seine Pranken auf den Tresen stemmend, mustert sie der Portier von oben bis unten. »Für eine Stunde?«

»Aber Monsieur«, schüttelt Paulette den Kopf. »Für eine Woche!«

Der Portier räuspert sich und blättert im Gästebuch. »Mal sehen … ja, aber nur eines nach hinten raus, mit Blick auf den Supermarkt.«

»Da hätte ich zu Hause bleiben können!«

»Wir haben August, meine Kleine.«

Seufzend füllt Paulette das Anmeldeformular aus.

»Frühstück von sieben bis neun auf dem Zimmer, danach wird nicht mehr serviert. Sparsam mit dem Wasser sein! Wäsche waschen verboten. Strengstens! 413 … Sie finden den Weg.«

~

Der Strand macht jeder Postkarte Konkurrenz. Das Spätnachmittagslicht vergoldet den Sand und lässt die buntscheckige Parzellenwirtschaft der Badehungrigen wie elysische Felder erscheinen, auf denen sich spärlich bekleidete Nymphen und Faune räkeln, die sich von ihren antiken Urbildern nur durch ihre Tätowierungen unterscheiden. Paulette in Shorts und T-Shirt schlüpft aus ihren Flip-Flops und hüpft wie ein Frosch auf einer Herdplatte über den Sand zum Meer. Während träge Wellen ihre Knöchel umspülen, kneifen ihre Augen in das Glitzern, bis jene Ferne erscheint, nach der sie sich so sehnt. Eine Ewigkeit später schlendert sie leise vor sich hin singend am Ufer entlang:

»La mer
Qu'on voit danser le long des golfes clairs
A des reflets d'argent
La mer …«

Nach wenigen Minuten gelangt sie zu einem blau-weiß lackierten Wohnwagen, der die in Ufernähe liegenden Boote zu überrollen droht, was Surfbretter, die ihn abstützen, wer weiß wie lange noch verhindern.

»Aber das ist doch diese Tangoexpertin…«, wundert sie sich und tritt näher. »Bonjour, Madame. Bin ich hier richtig? Ich möchte Surfen lernen.«

»Dann werde ich es Ihnen beibringen! Ich heiße Agnès.«

»Freut mich… Paulette.«

»Paulette?« Agnès stockt einen Moment, als ginge ihr etwas durch den Kopf. Sie nimmt ihre Jackie O ab und hängt sie in den Ausschnitt ihrer lässig geknöpften Bluse. Ihr Blick tastet über Paulettes Gesicht. »Diese Ähnlichkeit! Sie erinnern mich an die kleine Pauline…«

Paulette zuckt mit den Schultern.

»… die Hauptdarstellerin in Rohmers *Pauline am Strand*. Der Film ist aus den Achtzigern. Ich war damals in Paulines Alter und ging immer wieder ins Kino, um ihn mir anzuschauen. Mit Ihrem brünetten Kurzhaarschnitt könnten Sie ihre Tochter sein.«

»Was hat sie am Strand gemacht, diese Pauline?«

»Nun, sie verbrachte die Ferien mit ihrer Cousine Marion. Marion hatte eine Scheidung hinter sich, träumte aber weiter von der großen Liebe, wie das eben so geht… Die beiden trafen zwei Männer, die Marion erobern wollten. Mit ihnen redete Marion pausenlos über die Liebe. Pauline hörte den Erwachsenen zu, bis sie merkte, dass alle nur faselten. Als sie am Strand einen Jungen kennenlernte, fing sie mit ihm eine Liebelei an, ohne sie zu zerreden.«

»Klingt romantisch. Aber ich bin sicher, dass sich unsere Ähnlichkeit auf den Haarschnitt beschränkt.«

»Das habe ich nur so dahin gesagt«, beschwichtigt Agnès. »Solche Vergleiche stellt man andauernd an, schon weil man von Natur aus so unvollkommen sieht.«

»Müsste dann nicht jeder eine Brille tragen?«, hakt Paulette nach.

»Das meine ich nicht. Kommen Sie in den Schatten, ich will es Ihnen zeigen!«

Die beiden setzen sich *vis-à-vis* in das Ruderboot, das im Unglücksfall als Erstes überrollt werden würde. Ihr Gewicht für einen Atemzug nach links verlagernd, greift Agnès in die Gesäßtasche ihrer Jeans, um eine Zigarettenschachtel und ein Zippo herauszufingern. Sie blickt Paulette einladend an. Als diese abwinkt, zündet sie sich eine Menthol an und bläst den Rauch gen Himmel.

»Würden Sie bitte kurz die Augen schließen?«

»Wenn's sein muss …« Paulette senkt die Lider.

»Jetzt versuchen Sie, mein Gesicht zu beschreiben.«

»Also … Sie haben rotes Haar, von Natur aus, da bin ich sicher.«

»Die Augen?«

»Grün.«

»Welche Form hat mein Mund?«

»Irgendwie … schmollig … wie die Bardot.«

Agnès saugt an ihrer Zigarette. »Die Ohren, sind sie klein oder groß?«

»Die Ohren … keine Ahnung, klein, vermutlich.«

»Und die Nase?«

»Kann ich nicht sagen … stupsig vielleicht?« Paulette öffnet die Augen. »Oh, pardon …«

»Das meine ich mit Unvollkommenheit. Die meisten von uns können nicht einmal das Gesicht ihrer besten Bekannten beschreiben. Man sieht es tagtäglich und man sieht es doch nie richtig. Wenn man dann aufgefordert wird, es zu beschreiben, ist es so, als ob einem das Bild vor den Augen verschwimmt, so dass man es, um sich zu helfen, in Beziehung zu Bildern anderer Personen setzt, die ähnlich aussehen. Das entspricht einer Grundeigenschaft des Sehens. Dass Sie mich mit der Bardot vergleichen …«

»… so wie Sie mich mit dieser Pauline …«

»… das zeigt, dass man den Anderen verallgemeinert sieht, nicht als einzelnes Individuum in seiner Besonderheit, sondern als einen unter vielen: als Mitbewohner der sozialen Welt.«

»*Das* interessiert mich!«, entflammt Paulette. »Wissen Sie, ich möchte Soziologie studieren!«

»Warum nicht?« Agnès steigt aus dem Boot, schnippt ihre Kippe in eine rostige, mit Sand gefüllte Tonne und geht hastigen Schritts zum Ufer.

Paulette heftet sich an ihre Fersen. »Sie scheinen etwas von Soziologie zu verstehen.«

»Nicht der Rede wert …«, wiegelt Agnès ab.

»Dann könnten wir doch neben dem Surfen etwas über Soziologie plaudern, vorausgesetzt, dass ich mich mit meinen Storchenbeinen überhaupt auf einem Surfbrett halten kann.«

Den Meerwind im Haar hält Agnès schmunzelnd inne. »Warum sollte ich über Soziologie plaudern wollen?«

»Über Soziologie plaudern heißt über die Gesellschaft plaudern«, antwortet Paulette. »Nichts ist spannender! Außerdem habe ich Esprit, auch wenn man es mir vielleicht nicht ansieht.«

Agnès streift sich ihr Haar aus dem Gesicht und blickt Paulette geradewegs in ihre blau schimmernden Augen.

Als sich ein Einverständnislächeln auf ihrem Gesicht abzeichnet, fällt ihr Paulette für eine Sekunde um den Hals. »Oh, pardon, ich wollte Sie nicht …«

»… aus der Fassung bringen? Keine Bange … nur, was wir plaudern, hängen wir nicht an die große Glocke, abgemacht?«

Als zöge sie einen Reißverschluss zu, fährt sich Paulette mit Daumen und Zeigefinger über den Mund.

»Na dann kommen Sie, damit wir uns noch etwas beschnuppern. Ich habe ohnehin keine Lust mehr zu arbeiten. Falls Sie möchten, können wir uns gerne duzen.«

~

Minuten später kommt Agnès mit zwei Getränkedosen aus dem Wohnwagen. »Eistee mit Pfirsichgeschmack oder Cola light?«

»Cola wäre mir lieber«, antwortet Paulette, die es sich in einem Campingstuhl im Schatten des Wohnwagens bequem gemacht hat.

Während Agnès im zweiten Campingstuhl Platz nimmt, lässt Paulette die Coladose zischen. »Was Du über das Sehen gesagt hast, ist wahnsinnig interessant. Hätte nie gedacht, dass es eine soziologische Bedeutung hat.«

»Die Sinne sind die Brücke, über die man zu den Menschen gelangt, um sie wahrnehmen und erkennen zu können. Andererseits hinterlässt jeder Sinneseindruck immer auch eine Wirkung in einem selbst: Sympathie, Antipathie, Heiterkeit, Traurigkeit, Lust, Unlust, Interesse, Desinteresse, was auch immer ...« Agnès spricht schnell und präzise, als wäre nicht das Surfen, sondern das Dozieren ihr Geschäft. »Ein entstelltes Gesicht wirkt abstoßend, eine sanfte Stimme anziehend. *Schöne Marquise, Ihre schönen Augen machen mich vor Liebe sterben*, heißt es bei Molière.«

»Sind die Augen wichtiger für die Soziologie als die Ohren?«

»So pauschal kann man das nicht sagen.« Agnès schlägt ein Bein übers andere. »Aber Deine Frage ist nicht abwegig, schon allein weil das Auge selbst ein soziales Organ ist. Das

Ohr ist egoistisch. Es nimmt nur und gibt nichts. Erst zusammen mit dem Mund, der Laute von sich gibt, entsteht ein Geben und Nehmen, und das auch nur im Nacheinander, denn man kann nicht richtig sprechen, wenn man hört, und nicht richtig hören, wenn man spricht. Das Auge verschmilzt das Geben und Nehmen in einem einzigen Blick. Es kann nicht wahrnehmen, ohne wahrzugeben. Jeder Blick ist ausdrucksvoll. Jemand hat einmal gesagt: *Das Auge entschleiert dem Anderen die Seele, die ihn zu entschleiern sucht.*«

»Dann ist das Auge das Fenster der Seele, durch das man hinaus- *und* hineinsehen kann.«

»Du hast also Sinn für Poesie…« Agnès lächelt entzückt, öffnet ihren Eistee und nippt daran. »Mit dem Auge erkennen wir den Anderen und geben uns ihm zu erkennen.«

»Deshalb vermeidet man Blickkontakt, wenn man etwas ausgefressen hat. Stimmt's?«

»Im Blick von Auge zu Auge kommt es auf beiden Seiten zu einem gleichzeitigen Erkennen und Erkanntwerden, was natürlich auch Wirkungen auf beiden Seiten hinterlässt, so dass man von einer Wechselwirkung sprechen kann. In diesem Blick entsteht die unmittelbarste und vollkommendste Gegenseitigkeit, die es zwischen Menschen gibt…«

»… also auch zwischen uns beiden im Moment… *vis-à-vis*…«

Einander anlächelnd, schauen sich Paulette und Agnès tief in die Augen.

»Ich sehe Dich und sehe, dass Du mich siehst. Du siehst mich und siehst, dass ich Dich sehe. Wir sind uns unmittelbar gegenwärtig und schon beginnt das Nehmen und Geben. Ich erkenne etwas in Deinen Augen, das eine Wirkung in mir hinterlässt…«

»Was… *Was* erkennst Du?«

»Sagen wir mal… Neugier…«

»Im Ernst!«, meutert Paulette.

»Naseweisheit, ja das trifft es …«, verbessert sich Agnès.

»Du mogelst! Denkst Du, ich weiß nicht, was ein Synonym ist? Steht in jedem Lexikon …«

»… kurz nach Sympathie …« Agnès streicht sich durchs Haar, während Paulette versöhnt einen weiteren Schluck Cola trinkt.

»Indem ich Dich erkenne, gebe ich mich zu erkennen. Du erkennst etwas in meinen Augen, das eine Wirkung in Dir hinterlässt, und gibst Dich wiederum zu erkennen. Nun können wir Blicke tauschen. Ich werfe Dir einen fragenden Blick zu …«

»… weil Du wissen willst, was ich erkannt habe und was das in mir bewirkt hat, nicht wahr?«

»Vielleicht …«

»*Das* verrate ich nicht, aber weil mir gefällt, was ich gesehen habe, antworte ich mit einem strahlenden Blick«, den Paulette prompt in ihr Gesicht zaubert.

»Dieses Fragen und Antworten macht noch deutlicher, dass zwischen uns eine Wechselwirkung stattfindet …« Agnès nippt an ihrem Eistee. »… dass wir Wirkungen aufeinander ausüben und Wirkungen voneinander empfangen.«

»Wechselwirkung … klingt nach Physik …« Paulettes Brauen ziehen sich zusammen.

»Kein Wunder, die physikalischen Grundkräfte sind Wechselwirkungen. Wenn ein Körper auf einen anderen eine Kraft ausübt, übt dieser auch auf ihn eine Kraft aus.«

»Und das ist bei unseren Körpern auch so?«

»Sind wir nicht Teil der Natur? Alles Physische und Psychische hat eine physikalische Basis und ist letztlich mit Konfigurationen von Elementarteilchen und ihren Wechselwirkungen identisch. Das bedeutet, dass wir Kraft ausüben und Kraft empfangen, so dass es im zwischenmenschlichen Bereich zu Wechselwirkungen kommt.«

»Dann hat Houellebecq recht, wenn er in seinem Roman die Menschen als Elementarteilchen darstellt, oder?«

»Er hat insofern recht, als sich die Wechselwirkungen auf jeder hinzukommenden Ebene in neuen Einheiten verkörpern. Sie verbinden Elementarteilchen zu Atomen; Atome zu Molekülen; Moleküle zu Zellen; biochemische und elektrische Prozesse zu Vorstellungen; Zellen und Vorstellungen zu Menschen, die – *voilà* – die Elementarteilchen der Gesellschaft sind.«

»Das ist eine Metapher...«, kommentiert Paulette.

»Metaphern sind nicht nur poetische, sondern auch Erkenntnismittel. Sie machen eine Sache in Begriffen einer anderen Sache erfahrbar und verstehbar. Houellebecq hat gezeigt, dass es aufschlussreich sein kann, den zwischenmenschlichen Bereich in quantentheoretischen Begriffen zu beschreiben. Übrigens hat er einen eminent soziologischen Roman geschrieben.« Agnès räuspert sich und rezitiert: *»Konnte man Bruno als ein Individuum betrachten?«*

»Das ist der Sexsüchtige, nicht wahr?«, unterbricht sie Paulette. »Ich hatte noch keine Zeit, das Buch zu Ende zu lesen.«

»Das Verfaulen seiner Organe betraf nur ihn selbst, er würde den körperlichen Verfall und den Tod als individuelle Erfahrung erleben. Seine hedonistische Lebenseinstellung und die Kräftefelder, die sein Bewusstsein und seine sinnlichen Begierden strukturierten, waren dagegen seiner ganzen Generation zu eigen.«

»Kräftefelder?«

»Wechselwirkungen sind keine Fernwirkungen von Körper zu Körper, sondern finden in Kraftfeldern statt. Die Körper geben ihre Kräfte an Austauschteilchen ab. Dadurch erzeugen sie Kraftfelder, die ihre Körper in Wechselwirkung bringen. Elektrisch geladene Teilchen beispielsweise geben ihre Ladungen an Photonen ab. Diese bilden ein elektromagnetisches Kraftfeld, das bewirkt, dass sich die Teilchen abstoßen oder anziehen.«

»Aber wie ist das bei uns Menschen?«

»Wir speisen unsere physischen und psychischen Kräfte in Handlungen ein. Diese bilden soziale Kraftfelder, die bewirken, dass...«

»...wir uns ebenfalls abstoßen oder anziehen. Ich meine, *wir beide* stoßen uns natürlich nicht ab... Also was sind das für soziale Kraftfelder, die uns in Wechselwirkung bringen?«

Agnès wirft einen Blick auf ihre Armbanduhr und steht auf. »Darüber reden wir morgen nach dem Surfen. Es ist schon spät, ich muss los.«

Strahlend vor Glück kommt Paulette auf sie zu, um sich zu bedanken. »Du bist... großartig, einfach großartig! Hoffentlich habe ich Dich nicht enttäuscht.«

»Ich bitte Dich...«

Als Paulette Agnès zum Abschied auf die Wangen küsst, meint sie etwas Vetiver auf ihrer Haut zu schmecken, an der die salzige Nähe des Meeres laugt.

～

In La Baule gehen die Lichter an. Paulette lässt sich vom Strom der Nachtschwärmer die Promenade hinunter treiben, vorbei an den dicht an dicht sitzenden Cafés und Bars, die ihre Schleusen weit geöffnet haben. In einer Austernbar bestellt sie ein halbes Dutzend dieser schleimhautähnlichen Tierchen, die sie mit Zitrone beträufelt und einem Gläschen Muscadet hinunterspült, ohne Baguette und Butter anzu-

rühren. Das Radio spielt *Parlez-moi d'amour*. Am Neben-
tisch telefoniert ein eleganter Herr mit LA.

~

Im Hotelzimmer macht es sich Paulette nach einer Dusche
im Bett bequem. Sie nimmt Houellebecqs *Elementarteilchen*
und blättert darin herum, bis sie sich an einer Stelle festliest.
»*Viele Jahre später war Bruno immer noch voller Zweifel. Diese Dinge hatten sich ereignet; sie standen in direktem Zusammenhang mit einem kleinen furchtsamen, dicken Jungen, von
dem er noch Fotos besaß. Und es gab einen Zusammenhang
zwischen diesem kleinen Jungen und dem von Begierde ver-
zehrten Erwachsenen, zu dem er geworden war. Seine Kindheit
war traurig gewesen, seine Jugend grauenhaft; inzwischen war
er zweiundvierzig und objektiv gesehen noch weit vom Tod
entfernt. Was hatte das Leben ihm noch zu bieten? Vielleicht
ab und zu etwas oralen Sex, für den er, wie er wusste, immer
bereitwilliger bezahlen würde.*«

Sonntag

Die Sonne klettert über das rote U auf dem Dach des Supermarkts. Das Zimmermädchen, eine hochgewachsene Brünette mit hübschem Gesicht und melancholischem Blick, jongliert ein Frühstückstablett herein und stellt es auf das Tischchen neben dem Fenster. »Gut geschlafen?« Mit ihren schlanken, perfekt gepflegten Händen gießt sie Kaffee in die Tasse. »Milch und Zucker?«

Paulette nickt, worauf das Zimmermädchen einen Schwups Milch und zwei Stückchen Zucker in den Kaffee gibt und umrührt.

»Sie sehen traurig aus, was ist los?«

»Diese Arbeit ist an den Wochenenden noch deprimierender.«

Paulette setzt sich an das Tischchen, nimmt ein Croissant und tunkt es ein. Gierig beißt sie in das aufgeweichte Ende, so dass ihr etwas Kaffee aus den Mundwinkeln übers Kinn rinnt. »Arbeiten Sie schon lange hier?«

»Die zweite Saison. Eigentlich bin ich Schneiderin. Aber man muss schließlich leben.«

Paulette wischt sich den Kaffee ab tunkt ihr Croissant noch einmal tief in den Kaffee. »Möchten Sie auch ein Croissant?«

Das Gesicht des Zimmermädchens hellt sich für einen Moment auf. »Das Personal bekommt nur die alten vom Vortag.« Sie setzt sich auf die vordere Kante des zweiten Stuhls, nimmt ein Croissant und beißt ein großes Stück ab. »Danke, ich bin Yvette.«

»Und ich bin Paulette. Warum sind Sie Schneiderin geworden?«

»Ich wollte Mode machen. Meine eigene Mode. Wie John

Galliano. Ich bin gut, aber ich hätte nach Paris gehen müssen, um weiter zu kommen. Dazu hat mir wohl der Mut gefehlt. So bin ich in Angers geblieben. Da gibt es jetzt nicht mal mehr Arbeit für Schneiderinnen. Die lassen alles im Ausland fertigen.«

»Von Kindern, das ist billiger …«

»… und was kaputtgeht, fliegt in die Tonne. Aber was machen Sie, wenn ich fragen darf?«

Paulette verhaftet den Rest ihres Croissants und wischt sich ein Stückchen Blätterteig aus dem Mundwinkel. »Supermarkt. Kasse.«

»Keine Träume?«

»Ich möchte für mein Leben gern Soziologie studieren«, antwortet Paulette, was Yvette aufheitert: »Neulich war eine Soziologin im Tele …«

»Geschenkt! Es gibt auch noch andere, und die beschäftigen sich damit, warum die Reichen immer reicher und die Armen immer ärmer werden. Warum Manager Millionen kassieren und alte Frauen Mülltonnen nach Pfandflaschen durchstöbern müssen, um sich dann doch nur Hundefutter kaufen zu können.«

»Daran ist die Globalisierung schuld, heißt es doch.«

»Falsch! Daran sind die Globalisierer schuld! Das geschieht ja nicht automatisch!«, insistiert Paulette. »Wir müssen die Ausbeuter vom Globus jagen!«

»Also ich möchte keinen Ärger …« Yvette blickt hastig auf ihre Uhr. »Jetzt muss ich aber los. Danke für das Croissant!«

~

Der Tag ist zum Surfen wie geschaffen. Ein ablandiger Wind treibt Schäfchenwolken vor sich her und formt schöne steile

Wellen, deren weiße Schaumkronen im chromblauen Himmel blitzen.

Als Paulette zur Surfschule kommt, hat sie Glück, ein Brett zu ergattern. Barfuß in T-Shirt und Shorts, erklärt ihr Agnès aufmunternd: »Wenn eine Welle heranrollt, zum höchsten Punkt kraulen, schnell wenden, spüren, wie das Brett zu gleiten beginnt, aufspringen, balancieren und die Welle hinabfahren. Der Trick ist, das Brett in Bewegung zu setzen und das Gewicht so zu balancieren, dass die Welle die Arbeit übernimmt, wenn sie unter Dir durchrollt.« Sie blickt in ein ungläubiges Gesicht. »Nur Mut! Hier kann nichts passieren.« Sie hilft Paulette das Brett ins Wasser zu tragen und ruft ihr »Viel Spaß!« hinterher, als diese bäuchlings nach draußen paddelt.

Draußen ist Verkehr wie in den Stoßzeiten auf den Pariser Boulevards. Paulette kommt das Wort »Überbevölkerung« in den Sinn, als sie beim Versuch zu wenden vom Brett rutscht. Nachdem sie wieder aufgetaucht ist, paddelt sie mit aller Kraft auf die nächste Welle zu. Diesmal schafft sie es in die Hocke, bevor sie ins Wasser plumpst. Schließlich gelingt es ihr, auf einer kleineren Welle in Fahrt zu kommen und bis zum Ufer zu gleiten. Sie dümpelt eine Weile im knietiefen Wasser, um ihre Kräfte zu sammeln und sich wieder auf den Weg nach draußen zu machen

~

Als sich das letzte Schäfchen davon gemacht und die Sonne den Zenit erklommen hat, schubst Paulette ihr Brett ans Ufer. Pudding in den Beinen, schwankt sie ein paar Schritte, bevor sie rücklings in den Sand sinkt.

»Hast Du Hunger?« Agnès Silhouette spendet Schatten.

»Jetzt, wo ich den halben Atlantik verschluckt habe?«

»Dann lass uns Siesta halten!« Agnès hievt Paulette in die Senkrechte.

»Und das Geschäft?«

»Ich bin nicht hier, um reich zu werden. Dafür wäre jetzt auch die schlechteste Zeit.« Agnès dreht sich mit theatralischer Geste um, als wollte sie sich versichern, dass niemand mithört. Dann murmelt sie leise: »Weil der Dämon des Mittags umgeht.«

»Willst Du mich aufziehen?«

»Wo bleibt Dein Sinn für Poesie? Leconte de Lisle sagt es so …« Agnès blinzelt in die Sonne:

»Mittag, du König des Sommers, machst dich breit,
Fällst in goldnen Tüchern aus dem blauen Firmament.
Alles schweigt. Die Luft leuchtet atemlos auf und brennt;
Die Erde döst in ihrem Feuerkleid.«

»Stimmt, es flimmert nur so.«

»Die Sonne hat ihren Höchststand erreicht. Man ist erschlagen von der Hitze und gut beraten, ein Schläfchen zu machen.«

Die beiden tragen das Brett zum Wohnwagen, wobei sich von Schritt zu Schritt mehr Lethargie in ihre Bewegungen schleicht. Während es Paulette zum Stützpfeiler umfunktioniert und an die Billardkugel stellt, verschwindet Agnès im Innern und kehrt einen Moment später mit einem handgemalten Schild zurück, das sie an eines der Boote lehnt.

WEGEN SIESTA
ÜBER MITTAG GESCHLOSSEN
BITTE NICHT STÖREN
(Warum gönnen Sie sich nicht auch
ein Nickerchen?)

Dann winkt sie Paulette, ihr in den schmalen Schatten hinter den Wohnwagen zu folgen, wo zwei Campingliegen warten: »Mach's Dir bequem! Du wirst Dich federleicht fühlen, glaub' mir …«

Wenige Minuten später ist Agnès entschlummert. Paulette dreht sich zur Seite und betrachtet ihr Gesicht, auf dem sie zu ihrer Überraschung winzige Sommersprossen entdeckt. »Du hast recht«, flüstert sie, »wir sehen wirklich nicht vollkommen, selbst wenn es vollkommen ist, was wir sehen.« Mangels Schäfchen am Himmel beginnt sie die Sommersprossen zu zählen, die sich in der schläfrigen Luft in einen lichten Staub aus Augenblicken verwandeln.

~

Ebenso ermattet wie das gleißende Gold des Mittags steht Agnès in der Tür des Wohnwagens. »Danke, dass Du Deinen Nachmittag geopfert hast, um mir zu helfen. Das war lieb von Dir!« Sie schaut zum Himmel, an dem ein Paragleiter im Tiefflug vorbeischwebt, stolpert über die Türschwelle und fällt Paulette direkt in die Arme.

»Sagte ich nicht, dass wir uns anziehen, schöne Marquise?«

Agnès löst sich langsam von Paulette, deren Blick sie ganz in sich aufzunehmen scheint.

»Offensichtlich …«, Agnès streicht sich durchs Haar.

»Autsch …« Sie humpelt in den Schatten und setzt sich in einen Campingstuhl, um ihren linken Fuß zu massieren.

»Schlimm?«

»Nicht der Rede wert … Gib mir eine Minute, dann gehen wir einen Kaffee trinken.«

Paulette setzt sich in den anderen Stuhl. »Wollen wir trotzdem über Soziologie plaudern?«

»Über Anziehungskräfte und solche Dinge …"«, schmunzelt Agnès. »Beginnen wir damit, dass die Soziologie dieselbe Perspektive einnimmt wie die Quantentheorie! Die Quantentheorie interessiert sich nicht für die Besonderheit einzelner Teilchen, sondern betrachtet sie als Exemplare von Typen.«

»Typen?«

»Das sind gemeinsame Nenner für Phänomene, die sich in bestimmter Hinsicht gleichen. Die Quantentheorie ordnet beispielsweise Teilchen mit negativer Ladung dem Typ Elektron und solche mit positiver Ladung dem Typ Positron zu, um sie als Elektronen und Positronen auf ihr typisches Verhalten hin zu analysieren.«

»Logisch, die gibt's ja auch massenhaft. Wer interessiert sich da schon für ein Einzelnes!«

»Die Soziologie betrachtet Menschen als Exemplare von Typen. Bruno beispielsweise würde sie dem Typ Hedonist zuordnen. Da wäre sie einer Meinung mit Houellebecq und an seiner Individualität ebensowenig interessiert.«

»Aber Houellebecq erzählt Brunos Lebensgeschichte …«

»… aber nur insofern sie typisch für diese Generation hedonistischer Massenkonsumenten ist, die es so massenhaft wie Teilchen gibt. Sein Porträt zeigt ein Durchschnittsgesicht, in dem sich viele wiedererkennen, als schauten sie in den Spiegel. Diese Verschiebung des Interesses vom Besonderen zum Allgemeinen ist mit der Massengesellschaft entstanden. Du findest es in den Romanen von Balzac und Flaubert, diesen Vorläufern Houellebecqs. Du findest es in der Soziologie, die sich anfangs sogar soziale Physik nannte und zum Universitätsfach wurde, als sich die klassische Physik zur Quantentheorie mauserte: Anfang des 20. Jahrhunderts.« Agnès senkt verschwörerisch die Stimme. »Dabei machte sie sich seherische Kräfte zu Nutze …«

Paulette zieht die linke Braue hoch. »Wohl mit Glaskugel, das meinst Du doch nicht ernst!«

Agnès zwinkert ihr zu. »Insoweit schon, als sie dem Augensinn folgte, der in der Massengesellschaft insofern an Bedeutung gewann, als sich die Menschen immer öfter in Situationen befanden, in denen sie viele andere sehen, aber nicht mit ihnen sprechen konnten oder wollten: Arbeiter an Fließbändern in Fabriken oder auf Großkundgebungen, Soldaten in Hundertschaften, Menschenschlangen, die um Waren anstanden, unzählige Namenlose in den öffentlichen Verkehrsmitteln und auf den Straßen und Plätzen der rasant wachsenden Städte. Diese Menschen nahmen sich nicht als Individuen wahr. Sie überließen sich dem Augensinn, der, wie Du weißt, verallgemeinert.«

»Hab's mir gemerkt!«

»Wenn man einen Menschen *sieht*, assoziiert man ihn in seiner Vorstellung automatisch mit anderen Menschen, die ihm gleichen: manchmal mit einem Einzelnen, meistens mit einem Typ. Du hast mich an die kleine Pauline aus Rohmers Spielfilm erinnert, weil Du ihr ähnelst. Ich habe Dir aber auch den kessen Teenie angesehen.«

»Einspruch!«, empört sich Paulette.

»Abgelehnt!«, erwidert Agnès schmunzelnd. »Wie alt bist Du?«

»Nächsten Monat werde ich 20!«

»Dann bist Du wie alle anderen zwischen *thirteen* und *nineteen* ein Teenie.« Agnès reibt ihren Fuß.

»Besser?«

»Ja … Weißt Du, man typisiert ständig. Man sieht den Anderen nicht als das Individuum, das er ist, sondern verallgemeinert: als Exemplar des Typs, zu dem ihn seine Individualität gehören lässt: als Hedonist, als Teenie, als Tourist …«

Paulette wirft einen Blick zu den Badegästen hinüber,

die dicht nebeneinander liegen, die meisten regungslos mit geschlossenen Augen, nur einige lesen oder starren gedankenverloren auf die Sandburgen der Kinder.

»Warum typisieren wir ständig?«

»Das liegt an unserer Evolution. Unsere tierischen Vorfahren mussten die Phänomene in ihrer Umwelt auf Ähnlichkeiten hin taxieren, um sie als harmlos oder gefährlich identifizieren zu können. Sie mussten sie in natürliche Arten einteilen, wollten sie überleben. So ist in vielen Millionen Jahren ein Maßstab für Ähnlichkeit entstanden, mit dem man die Sinnesreize klassifiziert. Dieser Überlebensmechanismus lässt sich nicht ausschalten und bestimmt hauptsächlich unseren Augensinn, so dass wir, ob wir wollen oder nicht, den Anderen typisieren, wenn wir ihn sehen.«

»Aber er bleibt doch das Individuum, das er ist…«

»…dessen Individualität man aber eher mit dem Ohr erfasst: all die Gewohnheiten, Gefühle und Interessen, die sich in der Psyche sammeln und die man einem nicht ansehen kann. Psychoanalytiker werden fürs Zuhören bezahlt und können aus dem Fenster schauen, während auf der Coach die Klienten ihr Unterbewusstes zur Sprache bringen.«

»Verstehe…«

»Diesen Unterschied zwischen dem Sehen und dem Hören darf man nicht überbewerten. Aber grundsätzlich lässt sich schon behaupten: Man sieht viel eher, als dass man hört, worin ein Mensch anderen Menschen gleicht. Und man hört viel eher, als dass man sieht, was ihn von den anderen unterscheidet. Das Auge vermittelt uns, dass wir Mitbewohner der sozialen Welt sind, das Ohr, dass wir außerdem noch etwas anderes sind: nämlich Individuen mit unseren besonderen Persönlichkeiten.«

»Was die Soziologie aber nicht interessiert, sagst Du.«

»Sie folgt, wie in der Massengesellschaft üblich, dem Augensinn und betrachtet die Menschen als Exemplare von Typen, die mit typischen Motiven in typischer Weise handeln.«

»Motive, wie in den Krimis?«

»Motive sind Antriebskräfte. Sie kondensieren unsere physischen und psychischen Kräfte in Willensakten, die uns handeln lassen, wobei wir mit unseren Handlungen einen den Motiven entsprechenden Sinn verbinden. Anders als die Kriminalistik unterscheidet die Soziologie nicht nach höheren oder niederen Motiven, sondern nach drei anderen Gesichtspunkten. Man handelt traditional aus Gewohnheit, emotional aus Gefühl oder rational aus Interesse. Gewohnheiten sind eigentlich immer im Spiel. Sie sind das Fundament unseres Lebens, weil sie uns entlasten. Man spult sie automatisch ab, so dass man sich nicht permanent neu orientieren muss und noch etwas anderes im Sinn haben kann.«

»Gefühle oder Interessen …«

»Wenn wir uns dabei an anderen orientieren, handeln wir sozial. Das ist meistens der Fall, auch wenn wir nicht konkret mit ihnen interagieren, sondern sie nur als mehr oder weniger abstrakte Größe mitberücksichtigen.«

»Zum Beispiel?«

»Bruno! Er schreibt als *unterbelichteter Nietzscheaner* über sich selbst:

Es ist immer derselbe alte Scheiß
von der ewigen Wiederkehr et cetera
Und ich esse schon wieder Erdbeereis
auf der Terrasse des Zarathustra.

Er ist verbeamteter Lehrer und geht gewohnheitsmäßig ins Café, um seinen Sinnenfreuden zu frönen, die mit dem Genuss eines Bechers Eis noch nicht befriedigt sind. Ihm steht der Sinn nach Sex. Er sehnt sich nach Frauen, brennt darauf, eine möglichst attraktive kennenzulernen. Das ist sein eigentliches Motiv. Obwohl er sein Eis allein isst, handelt er also sozial, denn er orientiert sich an den weiblichen Gästen, um sich wenigstens an ihrer Schönheit zu weiden.«

»Während sein Bruder Michel überhaupt nicht sinnlich ist und sich nur für seine Wissenschaft interessiert.«

»Michel ist das genaue Gegenteil von Bruno: ein Ausbund an Rationalität. Er führt ein rein geistiges Dasein. Natürlich hat auch er seine Gewohnheiten, aber selbst die sind rationalisiert: *Ohne feste Bezugspunkte verzettelt sich der Mensch, dann ist nichts mehr mit ihm anzufangen*, sagt er sich. So lebt er jahrelang im selben Wohnblock, arbeitet tagsüber und schaut abends Tele. Als Verbraucher ohne besondere Merkmale kauft er stets im selben Supermarkt, dessen kommerzielle Zeremonien seinem Leben einen gleichmäßigen Rhythmus verleihen. Dass der Sommer zu Ende geht, merkt er nur an den Verkaufsstrategien für den Herbst. Durch diese Gewohnheiten hat er jedoch den Kopf frei für seine Forschung, die er – und das ist sein eigentliches Motiv – in den Dienst der Menschheit stellt, so dass auch er, selbst wenn er die meiste Zeit allein im Labor verbringt, sozial handelt.«

»Wenn Bruno ein typischer Vertreter einer Generation hedonistischer Superkonsumenten ist, was ist dann Michel?«

»Ein typischer Vertreter der disziplinierten leistungsorientierten Arbeitswelt, deren Helden ohne ein Minimum an Konsum freilich ebensowenig auskommen wie die Hedonisten ohne ein Minimum an Arbeit. Bruno und Michel sind denselben Kraftfeldern ausgesetzt, nur geben sie ihnen unterschiedlich nach. Die Kraftfelder lassen sie in typischer Weise handeln, also so, wie es viele andere in einem typisch gleich gemeinten Sinn auch tun: als Hedonisten oder *workaholics* oder als was auch immer. Wer handelt, orientiert sich nämlich nicht nur an anderen, sondern hat immer auch

Vorstellungen davon, wie man üblicherweise handelt. Diese üblichen Abläufe des Handelns sind Kraftfelder, deren Kräfte über diese Vorstellungen vom Üblichen an die Handelnden vermittelt werden, so dass sie als Mitmotive zu ihren eigenen Motiven hinzutreten.«

»Mitmotive?«

»Motive treiben die Menschen an, überhaupt zu handeln. Mitmotive bringen sie dazu, so zu handeln, wie es üblich ist. Welche Motive auch immer die Menschen in Kontakt treten lassen, die Kraftfelder bringen sie in einer Weise in Wechselwirkung, die dem Üblichen mehr oder weniger entspricht.«

»Gestern sagtest Du, dass die Menschen die Kraftfelder selbst erzeugen, indem sie ihre physischen und psychischen Kräfte in ihre Handlungen einspeisen.«

»Das müssen natürlich viele Menschen in einem gleich gemeinten Sinn tun, so dass es zu einem verbreiteten Auftreten solcher Handlungen kommt. Es sind unzählige Wiederholungen und Nachahmungen von Handlungen gleichen Sinns, die ein Kraftfeld erzeugen, egal ob sie traditional, emotional oder rational motiviert sind.«

»Schwer, sich das vorzustellen«, grübelt Paulette.

»So schwer nun auch wieder nicht. Was hast Du heute morgen gefrühstückt?«

»Kaffee und Croissants …«

»Das ist das Stichwort! Ein Kaffee wäre jetzt fein, oder?«

»Wie geht's Deinem Fuß?«

∼

Kurze Zeit später sitzen Agnès und Paulette in einer Strandbar und rühren in ihren Kaffees. Im Tele hinter der Theke laufen die Black Eyed Peas auf MTV.

»… I feel the weight of the world on my shoulder
As I'm gettin' older, y'all, people gets colder
Most of us only care about money makin'
Selfishness got us followin' our own direction
Wrong information always shown by the media
Negative images is the main criteria
Infecting the young minds faster than bacteria
Kids wanne act like what they see in the cinema …«

Ein riesiger Schwarzer in wallendem Gewand mit einem
Stapel Hüte auf dem Kopf und einem Sortiment Ketten um
den Hals geht murmelnd von Tisch zu Tisch, ohne Interesse
zu wecken.

»… Yo', whatever happened to the values of humanity
Whatever happened to the fairness and equality
Instead in spreading love we spreading animosity
Lack of understanding, leading lives away from unity …«

Paulette trinkt einen Schluck Wasser und ertappt sich dabei,
wie sie die Gäste, die in Badehosen, T-Shirts und Hawaii-
hemden ein und aus gehen, als Touristen typisiert.

»… That's the reason why sometimes I'm feelin' under
That's the reason why sometimes I'm feelin' down
There's no wonder why sometimes I'm feelin' under
Gotta keep my faith alive to lovers bound,
Ask yourself
Where is the love
Where is the love
Where is the love
Where is the love …«

Agnès summt den letzten Vers leise mit.

»Du magst den Song, nicht wahr?«

»Ja, ich mag ihn…«, antwortet Agnès mit abwesendem Blick.

Als sich die Pause zu sehr dehnt, nimmt sie den roten Faden wieder auf. »Du hast also Kaffee und Croissants gefrühstückt, wie Millionen andere. Irgendwann hat jemand begonnen, Croissants zum Morgenkaffee zu nehmen, und ist dabei geblieben. Andere haben es übernommen, so dass durch unzählige Wiederholungen und Nachahmungen über Jahrzehnte hinweg ein in Frankreich verbreiteter Ablauf von Handlungen gleichen Sinns entstanden ist. Dieser Ablauf hat insofern eine soziale Qualität, als jeder Franzose erwarten kann, dass sich auch die anderen Franzosen daran orientieren. Die Wirte in den Cafés und Bistros sind darauf eingestellt, dass ihre Gäste ihr gewohntes Frühstück einnehmen wollen. Die Gäste ihrerseits sind darauf eingestellt, dass sie es bekommen werden. Auf diesen Ablauf sind auch die vielen eingestellt, die diese Nahrungsmittel produzieren und vertreiben. Ein Ablauf, dem die Franzosen traditional aus Gewohnheit folgen, ist zu einem geworden, dem man als Franzose üblicherweise folgt. Er ist ein Kraftfeld, das die Wechselwirkungen der Handelnden bestimmt.«

»Aber man kann doch auch etwas anderes frühstücken«, gibt Paulette zu bedenken.

»Selbstverständlich, jeder hat seinen eigenen Willen. Man kann so oder anders handeln. Vielleicht macht es sogar das Wesen des Menschen aus, letztlich unberechenbar zu sein. Trotzdem handeln Millionen so und nicht anders! Das schiere Faktum dieses schon seit langem bei vielen Menschen verbreiteten Ablaufs lässt ihn als etwas Gebotenes erscheinen. Er erheischt normative Kraft, die uns motiviert, ihm ebenfalls zu folgen.«

»Obwohl wir *Tea and Porridge* frühstücken könnten«, näselt Paulette, »bevorzugen wir Kaffee und Croissants.«

»Zugegeben, ein solches Kraftfeld ist relativ schwach …«

»Wie dieser Kaffee.« Paulette verzieht das Gesicht.

»Es wirkt häufig nur, weil man ihm aus Gedankenlosigkeit oder Bequemlichkeit nachgibt: weil man es eben so gewohnt ist. Es gibt keine Norm, die den Ablauf verbindlich macht.«

»Man *kann* ihm folgen oder auch nicht.«

»Die Soziologie bezeichnet ein Kraftfeld dieser Stärke als Brauch. Wenn ein Brauch seit langem besteht, wie unsere Art des Frühstückens, spricht sie von einer Sitte.« Agnès kostet den Kaffee und schiebt ihn mit einem süffisanten Lächeln beiseite, um sich eines der *Petits fours* zu nehmen.

»Und wenn er erst seit kurzem besteht?«

»Dann spricht sie von einer Mode. Emotionale Handlungen gleichen Sinns können ebenfalls Kraftfelder erzeugen. Wenn sie sich über das Althergebrachte hinaus auf etwas Neues beziehen, entstehen Moden.«

»Zum Beispiel?«

»Bei uns ist es Sitte, zu Hause oder im Café zu frühstücken. Bis vor kurzem wäre niemand auf die Idee gekommen, mit einem Pappbecher voll heißem Kaffee herumzurennen und in einen Donut oder Muffin zu beißen. Seit das Starbuck's letztes Jahr eröffnet hat, gibt es *breakfast to go*. Diese neue Art des Frühstückens gibt in diesen Zeiten der Beschleunigung vielen das Gefühl, *up to date* zu sein: flexibel und mobil. So verbreitet sich durch Wiederholungen und Nachahmungen ein Ablauf von Handlungen gleichen Sinns, der insofern eine soziale Qualität hat, als die Trendsetter erwarten können, dass sich Ihresgleichen daran orientiert. Sie stellen sich darauf ein, wenn sie ihre *meetings* oder *dates* verabreden. Ein Ablauf, dem sie emotional aus Gefühl folgen, wird zu einem, dem man als Trendsetter üblicherweise folgt. So entsteht ein

Kraftfeld, das die Wechselwirkungen vieler Handelnder bestimmt. Auch hier ist es die normative Kraft des Faktischen, die einen Ablauf als etwas Gebotenes erscheinen lässt, nur dass es um einen Ablauf geht, dem man nicht gewohnheits-, sondern gefühlsmäßig folgt, weil er neu ist.«

»Was ist bei rationalen Handlungen gleichen Sinns?«

»Dann nennt man die Bräuche Interessenlage. Dann meinen viele, dass ein bestimmtes Handeln, das sie auch von anderen, die sich in derselben Lage befinden, erwarten, ihrem Interesse am besten entspricht. Dadurch reagieren sie alle in der gleichen Weise rational auf diese Lage und wiederholen bei deren Wiederkehr ihr Handeln im gleichen Sinn.«

»Ich glaube nicht, dass ich das verstanden habe.« Paulette kratzt sich am Hinterkopf.

»Jeder Wirt eines Cafés hat das Interesse, möglichst viel Profit zu machen«, erläutert Agnès. »Darum erhöht er, weil er es auch von seiner Konkurrenz erwartet, zu Saisonbeginn die Preise, und das nicht nur fürs Frühstück. Die anderen Wirte entlang der Küste verfahren ebenso, und weil sich dieses Spiel jede Saison wiederholt, werden die Preiserhöhungen zu etwas Üblichem. Ein Ablauf, dem die Gastronomen rational aus Interesse folgen, wird zu einem, dem man als Gastronom üblicherweise folgt. So entsteht ein Kraftfeld, das die Wechselwirkungen vieler Handelnder bestimmt.«

»Am Ende bleiben die Gäste aus, weil es ihnen zu teuer wird.«

»Es gibt auch angenehmere Interessenlagen. Bruno könnte seinen Erdbeerbecher ebensogut in jedem anderen Café genießen, weil alle ihren Profit mit Früchten der Jahreszeit steigern möchten. Selbst Michel schätzt diese zahllosen kommerziellen Zeremonien, die seinem Leben einen gleichmäßigen Rhythmus verleihen. Es kommt nicht darauf an, ob wir unter den Interessenlagen leiden oder sie begrüßen. Sie sind nun einmal da. Wieder ist es die normative Kraft des Faktischen, die einen Ablauf als etwas Gebotenes erscheinen lässt, nur dass es dieses Mal um einen Ablauf geht, dem man nicht gewohnheits- oder gefühlsmäßig folgt, sondern weil er dem eigenen Interesse entspricht. Ebenso wie bei der Sitte und der Mode sind keine Normen im Spiel, die ihn verbindlich machen.«

»Die Kraftfelder werden vermutlich stärker, wenn Normen ins Spiel kommen. Fragt sich nur: Wie kommen sie ins Spiel?«

»Ganz einfach dadurch, dass man die normative Kraft des Faktischen zur Norm erhebt. Bei manchen Bräuchen stellt sich mit der Zeit ein Einverständnis der Handelnden ein, dass die Abläufe, so wie sie faktisch sind, auch sein sollen. Mit diesen Sollvorstellungen schaffen sie Normen, die zur Maxime ihres weiteren Handelns werden. Je nachdem, für wie verbindlich sie die Normen halten, erwarten sie mehr oder weniger nachdrücklich voneinander, ihnen entsprechend zu handeln. Sind sie nicht gar so verbindlich, spricht man von Konventionen. Zum Beispiel *soll* man dem Personal des Cafés, in dem man frühstückt, ein Trinkgeld geben. Sind sie verbindlicher, spricht man von Recht. Die Rechnung für das Frühstück *soll* man nicht nur bezahlen, man *muss* sie von Rechts wegen ...«

»... während man Bräuchen folgen *kann* oder auch nicht ...«

»Wenn man Konventionen oder Rechten nicht folgt, wird man sanktioniert. Wer nicht *comme il faut* handelt, den missbilligen diejenigen, die es bemerken. Sie schauen abfällig, schütteln den Kopf, entrüsten sich und meiden den Kontakt. Die Normen von Konventionen sind aber nicht *so* verbindlich, um jemanden damit zu beauftragen, über ihre Einhaltung zu wachen und sie bei Zuwiderhandlung zu erzwingen wie beim Recht. Wer gegen Rechtsnormen verstößt, bekommt es mit der Polizei und den Gerichten zu tun, die eigens darauf eingestellt sind, die Befolgung der Gesetze durchzusetzen. Solche Kraftfelder sind tatsächlich stärker als Bräuche. Es steht einem nicht frei, ihnen zu folgen, wie man lustig ist, um es ansonsten zu lassen. Es sind Ordnungen, die einzuhalten sind, weil Menschen übereingekommen sind, manche ihrer Wechselwirkungen verbindlich zu regeln.«

»Im Tele heißt es oft, dass Gesetze *in Kraft* treten.«

»Das ist kein Zufall. Die Umgangssprache erinnert uns an die Doppeldeutigkeit des Wortes Gesetz, das Naturgesetz *und* Rechtsnorm bedeutet. Naturgesetze sind natürliche Kraftfelder, die bewirken, dass Wechselwirkungen zwischen Teilchen mit hoher Wahrscheinlichkeit so ablaufen, wie sie ablaufen. Rechtsnormen sind Teil sozialer Kraftfelder, die bewirken, dass Wechselwirkungen zwischen Menschen so ablaufen, wie sie ablaufen sollen. Das geschieht freilich mit geringerer Wahrscheinlichkeit, denn zwischen die Norm und das Handeln ist die Psyche der Menschen geschaltet. Die Norm hat zwar die Kraft, die Menschen zu motivieren. Es gibt aber noch andere Motive, die ihre Kraft neutralisieren können. Die Psyche muss die soziale Kraft der Norm mit den individuellen Kräften der Gewohnheiten, Gefühle und Interessen abwägen und beides in einem Willensakt kondensieren, der ein entsprechendes Handeln auf den Weg bringt.«

»Letztlich sind wir also doch unberechenbar …«

»… unberechenbarer jedenfalls als Teilchen. Aber das ist nur ein gradueller Unterschied. Die Quantentheorie kennt ebenso wie die Soziologie nur statistische Gesetze. Ein natürliches Kraftfeld kann ein bestimmtes Verhalten von Teilchen auch nur in dem Sinne bewirken, dass es wahrscheinlicher ist, dass sie sich der Kraft entsprechend verhalten werden, als dass sie es nicht tun werden. Aber das ist ja immerhin etwas …«

»Seltsam …«, grübelt Paulette.

»Was ist daran seltsam?«

»Mich wundert, dass Du das alles weißt und erklären kannst. Hast Du früher Soziologie unterrichtet?«

»Nicht der Rede wert …«, wiegelt Agnès ab.

»Mir macht das Unterrichten Riesenspaß! Anne hält mich für bescheuert …«

»Anne?« Agnès streicht sich durchs Haar.

»… mit der ich zusammen wohne, sie hält mich für bescheuert, weil ich den drei Mädchen aus Afrika, die auf unserer Etage wohnen, Lesen und Schreiben beibringe.«

»Wie machst Du das?«

»Mit Bildern, die ich male oder aus Magazinen ausschneide. Die Wörter schreibe ich drunter. Bei den Verben schauspielere ich. Mir fällt immer etwas ein … Du wirst mich auslachen, aber mein Vorbild ist die Beauvoir. Die hat auch unterrichtet.«

»Warum sollte ich Dich auslachen? Ich bewundere Dich viel eher …«

～

»Und wie ist es mit mir?« Eine Baritonstimme lässt die beiden aufblicken. Vor ihnen steht ein braungebrannter Mann in Agnès' Alter. Er lächelt ein Siegerlächeln, als wollte er einen Preis entgegennehmen.

Agnès springt auf und umarmt ihn, wobei sie wie ein Backfisch ihr rechtes Knie anwinkelt. »Tadeusz! Seit wann bist Du zurück?«

»Eben angekommen!« Seine rechte Hand gleitet wie ein Bügeleisen über den weißen Armani.

»Das ist Paulette. Paulette … Tadeusz!«

Tadeusz beugt sich steif hinab. Die beiden küssen sich flüchtig auf die Wangen.

»Komme mir vor wie in einem Film von Rohmer.«

Paulette seufzt demonstrativ, worauf Tadeusz mit den Schultern zuckt. »Sie mag mich nicht! Aber wie steht's mit Dir? Kommst Du mit?«

»Mir scheint, dass morgen Heiliger Montag ist.« Agnès und Tadeusz grinsen sich an.

Danach wendet sich Agnès komplizenhaft blinzelnd Paulette zu. »Wir könnten uns morgen Nachmittag treffen, falls Du möchtest.«

»Okay.«

»Also mach's gut!« Agnès gibt Paulette ein Küsschen, legt einen Geldschein auf den Tisch und hakt sich bei Tadeusz unter. Als die beiden in Richtung Stadt verschwinden, schlendert Paulette in Gedanken versunken den Strand entlang.

An einigen Stellen brennen kleine Feuer, um die herum Grüppchen Jugendlicher trinkend und lachend sitzen. Nach einer Weile legt sich Paulette abseits in den warmen Sand, um sich in den blassvioletten Abendhimmel hineinzuträumen, der langsam wie ein Foto im Entwicklungsbad die gewohnten Konturen annimmt.

Montag

Paulette kann es sich nicht verkneifen, nach dem Frühstück und ihrem Geplauder mit Yvette bei Agnès' Wohnwagen vorbeizuschauen, aber von Agnès ist weit und breit nichts zu sehen. Dafür werkelt ein Mann an den Booten herum.

»Pardon Monsieur, ist Agnès noch nicht da?«

»War wohl wieder spät gestern. Montags macht sie öfters blau«, antwortet der Mann, der die Sonne offenbar an sich abblitzen lässt. Gesicht, Arme und Beine sind bleich, Mütze, Hemd und Shorts weiß.

»Und wer sind Sie?«

»Kasimir.« Er lüftet seine Mütze und verbeugt sich.

»Paulette, freut mich! Was machen Sie hier, wenn ich fragen darf?«

»Ich streiche die Boote und Surfbretter. Um genau zu sein: Ich verpasse ihnen das neue Logo unserer Flotte: ein weißes Quadrat auf weißem Grund.« Er blickt in ein verdutztes Gesicht. »Keine Sorge, das ist einfach … Aber wissen Sie, was schwierig ist?«

»Was denn?«

Kasimir nimmt Paulette am Handgelenk und führt sie einige Schritte Richtung Ufer. »Einen Wassertropfen im Meer zu fangen.« Nach einer bedeutungsschwangeren Pause fährt er fort: »Das ist genauso schwierig, wie eine neue Idee zu bekommen. Wäre das ganze Meer diese neue Idee, wäre es einfacher, sie ausfindig zu machen. Aber da die Idee wie ein Tröpfchen ist, kommt man nicht an sie heran.«

»Welche Idee meinen Sie?«, möchte Paulette wissen.

Kasimir lässt ihren Arm sinken und wendet sich flehenden Blicks an ein imaginäres Publikum. »Die Wahrheit. Die Wahrheit der Menschheit! Es kann sein, dass ich als Erster das Schandmal von ihr entferne und das Antlitz ihrer Weisheit berühre!«

»Meinen Sie Weisheit oder Weißheit?«, kichert Paulette.

Kasimir lässt sie stehen und schlurft in den Schatten des Wohnwagens, um sich in einen Liegestuhl zu legen.

»He, das nennt man *esprit*!«, ruft ihm Paulette hinterher.

»Wenn Sie surfen wollen, nur zu!«

~

Nachmittags schlendert Paulette am Ufer des glitzernden Meers entlang, das ihre Augen so verblitzt, dass sie auf ihrem Rückweg zum Bootsverleih Agnès inmitten der Badegäste fast übersieht. »Agnès, *Du* hier?«

Den Tang ihrer vom Schwimmen noch feuchten Haare aus dem Gesicht streifend, erwidert Agnès ihr Küsschen. Paulette leckt sich das Salz von ihren Lippen und breitet ihr Badetuch neben dem von Agnès aus. »Sag mal, liest Du da die Bibel?«

Agnès umklammert schmunzelnd ihre Knie.

»Was ist denn so heilig am Montag?« Paulette macht es sich im Schneidersitz auf ihrem Badetuch bequem.

»Das ist eine uralte Sitte aus der vorindustriellen Zeit. Wenn die Handwerker keine Lust zum Arbeiten hatten, verlängerten sie den Sonntag einfach in den Montag hinein. Sie verbrachten den Tag lieber in der Taverne oder beim Hahnenkampf.«

»Ohne Ärger zu kriegen?«

»Damals waren sie selbstständig. Sie hatten mehr als nur einen Arbeitgeber und waren Herr ihrer Zeit. Wenn sie sparten, konnten sie Grundstücke pachten und bestellen, weil sie ihr Handwerk ausüben konnten, wann sie wollten. An einem Regentag arbeiteten sie länger. Dafür konnten sie sich bei

Sonnenschein um ihre Gärten kümmern. Und wenn sie gar keine Lust hatten, was verständlicherweise montags der Fall war, dann faulenzten sie eben.«

»Aber das änderte sich. Das habe ich schon bei Marx gelesen ... «

»... ja, mit der industriellen Revolution. In den Fabriken rationalisierte man die Arbeit, um schneller und billiger zu produzieren. Die Handwerker hatten gegen diese Konkurrenz keine Chance. Sie mussten Fabrikarbeiter werden, wenn sie überleben wollten. Sie verloren ihre Selbstständigkeit und wurden Rädchen einer Maschine, die nach strengem Zeitplan lief und keine unberechenbaren Fehlzeiten tolerierte.«

»Da blieb ihnen keine Zeit mehr zum Faulenzen.«

»Jedenfalls war es nicht leicht, sie zu disziplinierten Fabrikarbeitern zu erziehen. Das war ein richtiger Kreuzzug! Die ersten Fabrikanten gehörten protestantischen Sekten an. Sie glaubten, durch rastloses Arbeiten herausfinden zu können, ob Gott sie auserwählt hatte und erlösen würde. Für sie war Zeit Geld, das aber nicht zum Genuss ausgegeben werden durfte. Sie mussten sich in Askese üben und es wieder investieren. Dieser Geist peitschte den Kapitalismus voran. Der Faulpelz war sein natürlicher Feind, dem man die Arbeitsscheu durch Androhung von Höllenqualen austreiben wollte. Dem Fabrikanten war der Sonntag heilig, dem Faulpelz ... «

»... der Montag, kapiert ... «

»Diese Sitte lebt im Blaumachen, Krankfeiern und Schwänzen fort. Sie ist ein Muster für die hedonistische Lebensführung unserer Massenkonsumenten *à la* Bruno, während der aus dem Protestantismus geborene Geist des Kapitalismus das Muster für die disziplinierte und leistungsorientierte Lebensführung unserer Arbeitswelt *à la* Michel ist. Es ist kein Zufall, dass Houellebecq diesen Gegensatz zwischen Bruno und Michel konstruiert. Schon das erste abendländische Weltbild war dualistisch. Es trennte die Sinnlichkeit vom Geist. Für den Geist standen Geister und Götter, dann reklamierten ihn die Menschen als Seele und Vernunft für sich selbst, bis ihn der Kapitalismus auf den rational kalkulierenden *homo oeconomicus* reduzierte. Für die Sinnlichkeit standen immer schon unsere Körper mit ihren Trieben, Lüsten und Sehnsüchten. Die Soziologie berücksichtigt beides, indem sie auf dem Fundament des Traditionalen das Rationale und Emotionale kontrastiert und die entsprechenden Kraftfelder analysiert, die unser Handeln und unsere Beziehungen bestimmen.«

»Meinst Du Beziehungskisten?«

Agnès legt sich auf den Rücken, ihren Oberkörper auf die Ellbogen stützend: »Nicht nur, soziale Beziehungen entstehen prinzipiell, wenn sich Menschen, die wiederholt miteinander interagieren, aufeinander einstellen. Wenn sie aus Gefühlen handeln und dabei meinen, zusammenzugehören, nehmen ihre Beziehungen einen gemeinschaftlichen Charakter an.«

»Und wenn sie aus Interessen handeln?«

»Dann nehmen sie einen gesellschaftlichen Charakter an, sofern die Menschen ihre Interessen verbinden. Gefühle und Interessen können aber auch entzweien. Wer seinen Willen gegen den Widerstand anderer durchsetzt, riskiert einen mehr oder weniger gewaltsamen Kampf. Wer sich um Lebenschancen bewirbt, die auch andere begehren, tritt in eine Konkurrenz ein. Auch daraus können Beziehungen entstehen, wenn sich die Kämpfe und Konkurrenzen hinziehen.«

»Es kommt also auf die Dauer an«, folgert Paulette.

»Die Beziehungen setzen sich in den psychischen Einstellungen fest und existieren, solange die Wahrscheinlichkeit besteht, dass sich die Handelnden aneinander orientieren und den entsprechenden Kraftfeldern nachgeben. Das können durchaus Zweierbeziehungen sein, obwohl sie in gewisser Weise Ausnahmen sind.«

»Wieso?«

»Weil Zweierbeziehungen ganz unmittelbar auf den Beteiligten basieren. Sie stehen ständig vor dem Alles oder Nichts. Wenn sich einer der Beteiligten ausklinkt, ist die ganze Beziehung zerstört. Dieses existenzielle Aufeinanderangewiesensein führt dazu, dass sich die Beteiligten nur dem Anderen gegenüber sehen, aber keiner über sie hinausreichenden sozialen Einheit. Das ist schon bei Dreierbeziehungen anders. Wenn sich hier einer der Beteiligten ausklinkt, ist nicht die *ganze* Beziehung zerstört. Die Beteiligten sehen sich immer auch einer über sie hinausreichenden Einheit gegenüber, die in den psychischen Einstellungen der verbleibenden und eventuell hinzu kommenden Beteiligten fortbesteht.«

»Wenn ich das richtig verstehe, können Zweierbeziehungen so lange bestehen, bis dass der Tod sie scheidet, oder?«

»Sie basieren letztlich auf der physischen Existenz der Beteiligten und sind für diese schon allein deswegen so einzigartig wie sie selbst. Trotz aller Sozialität liegt der Kern menschlicher Existenz in der Individualität. Ionesco lässt seinen Einzelgänger sagen:

Ja, es hat Milliarden und Milliarden Menschen gegeben. Es hat Milliarden Lebende und für jeden die universelle Lebensangst gegeben. Jeder hat wie Atlas die ganze Last der Welt getragen, als wäre jeder ganz allein niedergedrückt von der Bürde des Unnennbaren.«

»Wie Bruno, der seinen körperlichen Verfall als individuelle Erfahrung erlebt.«

»Diese Bevorzugung des Besonderen wiederholt sich bei Beziehungen, wenn die Beteiligten sie als einzigartig begreifen. Das ist vor allem bei Zweierbeziehungen mit intimem Charakter der Fall.«

»Also bei Liebesbeziehungen …«

»Nicht nur, Intimität entsteht immer dann, wenn der Sinn des Handelns, den die Menschen nur miteinander, aber mit niemandem sonst teilen, zum Kern ihrer Beziehung wird. Dieser Sinn kann sich aus der ganzen Palette an Gefühlen und Interessen speisen. Unsere Beziehung zum Beispiel ist auf dem besten Weg, intim zu werden.«

»Wie meinst Du das?« Paulettes Augen heften sich an Agnès' Lippen.

»Als wir uns am Samstag verabredeten, haben wir uns aufeinander eingestellt. Wir haben dieselben Interessen, die uns verbinden.«

»Außerdem sind wir uns sympathisch. Vielleicht sind wir schon bald Freundinnen …«

»Das ist …«

»Unwahrscheinlich?« Paulette zieht eine Schnute.

»Im Gegenteil …« Agnès streicht sich durchs Haar. »Was schätzt Du: Wie viele Menschen machen hier am Strand Urlaub?«

»Jede Menge.« Paulette mustert die braungebrannten Badegäste um sie herum, die sich der Apathie des Nachmittags hingeben.

»Wie viele davon dürften sich fürs Surfen interessieren?«

»Dutzende, Dein Geschäft scheint trotz blauem Montag zu florieren.« Paulette weist mit dem Kinn aufs Meer hinaus.

»Und wie viele dürften sich für Soziologie interessieren?«

»Die wenigsten, wahrscheinlich sind wir die Einzigen.«

»Das ist der Punkt! Wenn wir uns in Paris auf einem Kongress begegnet wären, auf dem es vor Soziologinnen und Soziologen wimmelt, hätten wir unser Interesse an der So-

ziologie zwar auch miteinander verbinden können, aber wir
hätten es ebensogut mit allen anderen verbinden können.
Dann wäre die Wahrscheinlichkeit, dass wir uns treffen und
anfreunden, wesentlich geringer gewesen. Jede hätte sich
auch mit jemand Anderen treffen können.«

»Stimmt…«

»Hier am Strand können wir dieses Interesse nur miteinander verbinden. Es verweist uns unmittelbar aneinander
und an niemanden sonst. Die Folge ist, dass wir diese Seite
unserer Beziehung für einzigartig halten, was unser Fremd-
sein schnell vergessen macht und Intimität stiftet.«

»Verstehe… unser Interesse am Surfen stiftet keine Intimität zwischen uns, unser Interesse an der Soziologie dagegen schon.«

»Je mehr wir also miteinander plappern, anstatt zu plant-
schen, desto intimer wird unsere Beziehung.«

»Und unser kleines Geheimnis?« Paulette spitzt die Ohren.

»Macht sie noch intimer…«, flüstert Agnès.

»Soll ich Dich eincremen? Nicht dass Du Dir einen Son-
nenbrand holst…«

»Das wäre entzückend!« Agnès legt sich auf den Bauch
und streift ihre Haare zur Seite.

Paulette kramt in Windeseile die Sonnencreme aus ihrer
Tasche, kniet sich neben Agnès und tupft einen großen
Klecks Creme zwischen die Schultern, um ihn mit langsam
kreisenden Bewegungen einzumassieren.

»Mmm, das machst Du gut…«

»Du hast Sommersprossen auf dem Rücken.« Paulettes
Hand schiebt sich unter die Schnur des Tops, gleitet sodann
auf dem Rückgrat nach unten und folgt den Wölbungen
der schmalen Taille. Danach tupft sie einen Klecks zwischen
die beiden Grübchen am unteren Ende des Rückgrats und

streicht sie sanft zum Po hinauf, um sich anschließend der Rückseite der Beine zu widmen.

»Vorne auch?«

»Mach' ich selbst, danke!« Agnès setzt sich lächelnd auf, entfernt eine Strähne ihres Haars von ihren Lippen und beginnt, sich die Arme einzucremen.

Paulette lehnt sich entspannt zurück, streicht mit ihren cremigen Fingern über ihr Gesicht und beobachtet Agnès. »Wie kommt es, dass mir im Zug wildfremde Menschen die intimsten Dinge erzählen?«

»Das hängt mit der Kürze des Kontakts zusammen«, antwortet Agnès. »Menschen, die sich auf Reisen begegnen, wissen, dass sie sich schon bald wieder trennen und wahrscheinlich nie mehr sehen werden. Was sie sich erzählen, werden sie später nicht gegeneinander verwenden können. Also lassen sie ihrem Mitteilungsbedürfnis freien Lauf und offenbaren Dinge, die sonst nur in Intimbeziehungen zur Sprache kommen. Dadurch wird ihr Kontakt aber nicht intim, denn keiner der Beteiligten hält ihn für einzigartig.«

»Ich bin sicher, dass die Dicke im Zug ihre Lebensgeschichte jedem Anderen, zu dem sie ins Abteil gestiegen wäre, auch erzählt hätte.«

»Das ist die unschöne Seite der Kurzfristigkeit. Offenbar gibt es andere ...« Agnès lächelt apart, während sie etwas Creme auf ihrem Bauch verreibt. »Das Liebemachen in den Pariser Stundenhotels sei wie ein *Sturz aus der Fremdheit kopfüber in das Verschlingen hinein*, schreibt Nizon.«

»Ist er da nicht hoffnungslos romantisch?«

»Jedenfalls ist es faszinierend zu sehen, wie sich die Extreme berühren: Man öffnet sich dem Nächsten und dem Fernsten, während man allen anderen gegenüber bedeckt bleibt.«

»Ist Intimität in Dreierbeziehungen unmöglich?«

»Je größer die Beziehung ist, desto weniger intim ist sie. In Dreierbeziehungen kommt zu dem unmittelbaren Verhältnis, das zwischen dem Einen und dem Anderen besteht, das mittelbare hinzu, das sich aus ihrem gemeinsamen Verhältnis zum Dritten ergibt. Das kann von Vorteil sein, denn der Dritte kann Entzweiungen einrenken. Es dürfte jedoch keine noch so innige Beziehung zwischen drei Beteiligten geben, in dem nicht jeder Einzelne gelegentlich von den beiden Anderen als Eindringling empfunden wird.«

»Zweierbeziehungen sind wie der Blick von Auge in Auge, den ein Dritter irritiert und ablenkt.«

»Du bist eine kleine Poetin…« Agnès lächelt begeistert. »Die beiden sehen nur sich, aber keine über sie hinausreichende soziale Einheit. So wie dieser Blick in dem Moment stirbt, in dem sich einer der unmittelbaren Gegenseitigkeit entzieht, so stirbt die Beziehung in dem Moment, in dem sich einer dem existenziellen Aufeinanderangewiesensein entzieht, während eine Dreierbeziehung immer noch als Zweierbeziehung bestehen bleibt.«

»Was genau ist eine soziale Einheit?«

»Erinnerst Du Dich, dass sich Wechselwirkungen auf jeder hinzukommenden Ebene in neuen Einheiten verkörpern? Elementarteilchen verbinden sich durch Wechselwirkung zu Atomen, die sich *als solche* – sozusagen als Elementarteilchen höherer Ebene – durch Wechselwirkung zu Molekülen verbinden und so weiter. Die Menschen sind die Elementarteilchen einer noch höheren Ebene, was Houellebecq beschrieben hat. Sie verbinden sich durch Wechselwirkung zu sozialen Einheiten, die sich *als solche* durch Wechselwirkung zu komplexeren sozialen Einheiten verbinden. Schau' bitte mal da rüber!« Agnès weist zum Ufer, wo athletische junge Frauen und Männer Volleyball spielen. »Die links vom Netz spielen zusammen, um gegen die rechts zu gewinnen. Auf beiden Seiten haben sich Menschen zu Mannschaften verbunden, die sich *als solche* einen Wettkampf liefern, wobei die Wechselwirkungen in den Mannschaften und zwischen ihnen durch Kraftfelder bestimmt werden …«

»… durch Spielregeln …«

»An diesem Beispiel kannst Du auch schon erkennen, dass Einheiten mit zunehmender Größe immer weniger auf den Beteiligten basieren. Die Anonymität nimmt zu, die Beteiligten werden austauschbar, ihr Aufeinanderangewiesensein wird mittelbar durch Arbeitsteilung und Herrschaft hergestellt. Jeder Spieler hat eine Funktion, die der Kapitän koordiniert. Wer sie nicht erfüllt, wird ausgewechselt, wie im richtigen Leben. Die Mannschaft bleibt bestehen, solange es die Spieler wollen und sich an die Regeln halten. Das gilt übrigens für alle Einheiten: Je weniger es den Beteiligten überlassen ist, Bräuchen zu folgen, je mehr ihr Handeln also durch Konventionen und Recht geregelt wird, desto stabiler ist die Einheit.«

»Unabhängig von ihrer Größe?«

»Einheiten mittlerer Größe sind die Domäne der Konventionen. Die Anonymität ist nicht so groß, als dass man darauf pfeifen könnte, was andere von einem halten. Wenn einer etwas tut, was sich nicht schickt, zieht er die Missgunst der anderen auf sich, die direkt betroffen oder Zeuge sind. Wer in einem Dorf aufgewachsen ist, weiß, was es heißt, unter Beobachtung zu stehen. Je kleiner der Kreis, desto kleiner die Freiheit. Darum zieht es besonders junge Frauen in die Stadt, wo die Freiheit größer ist …«

»… zum Glück …«, grinst Paulette.

»Konventionen greifen in größeren Einheiten nicht mehr, die dafür auf das Recht angewiesen sind. Das Recht beschränkt sich zweckmäßigerweise darauf, nur die Dinge zu regeln, die für das Zusammenleben vieler Menschen unabdingbar sind. Jenseits dieser Regeln, deren Beachtung nötigenfalls von Polizei und Gerichten durchgesetzt wird, genießt man einen umso größeren Freiheitsspielraum. Das heißt nicht, dass es in kleineren Einheiten kein Recht und in größeren keine Konventionen gibt. Die gibt es schon, ebenso wie Bräuche. Nur dass sie verschieden und unterschiedlich gewichtet sind. In welcher Gesellschaft wir uns auch befinden, stets sind wir Kraftfeldern aus Bräuchen, Konventionen und Gesetzen ausgesetzt.«

»Also ich befinde mich in angenehmer Gesellschaft«, räkelt sich Paulette gähnend.

»Mir scheint, dass wir eine kleine Nachmittagssiesta brauchen.«

»Woher Du nur diesen Hang zur Faulheit hast …«, wundert sich Paulette.

»Es ist Sommer!« Mit einem tiefen Seufzer legt sich Agnès auf den Rücken und schließt die Augen.

Paulette schmiegt sich seitwärts in ihr Badetuch und beobachtet, wie sich Agnès' Brustkorb immer langsamer hebt und senkt. Schließlich tastet sie nach ihrem kleinen Finger, um ihn sacht am äußersten Elementarteilchen zu berühren.

~

»Mein Aug entdeckts durch das Schilf der Leiber Hauchen
Unsterblicher, die in die Flut ihr Glühen tauchen
mit einem Wutschrei, der bis in die Gipfel klang,
und das beglänzte Bad der hellen Haarflut schlang
der kühle Wirbel ein, o blitzendes Geschmeide!
Ich eile; da, verstrickt zu meinen Füßen – beide
Von Lust und Qual durchzückt, nur immer zwei zu sein –
ein schlafend Paar, vereint vom Zufall, ganz allein;
ich heb sie auf und trag sie ungetrennt, die Matten

hierher in das Gebüsch, verhaßt dem frechen Schatten,
wo aus dem Rosenhag der Duft der Sonne loht,
daß unsre Lust sich löst wie Licht im Abendrot.«

Schlaftrunken reiben sich Paulette und Agnès die Augen und sehen sich einen panischen Blick später einer ungeschlachten Gestalt mit Bocksfüßen, struppigem Fell und Hörnern gegenüber.

»Die Nymphen hier, ich will, daß sie mir bleiben.
          Duft
von rosa Inkarnat durchflimmert diese Luft,
die dumpfer Schlaf betäubt.
       War Traum nur meine Liebe?«

»Agnès … ein Faun!«
 Der Faun drückt Paulette ein Blatt Papier in die Hand, verbeugt sich und stapft davon.

MALLARMÉ & MORE
DAS THEATRE DU CIEL
GIBT SICH DIE EHRE
HEUTE 22 UHR
AM STRAND

»Der hat seine Rolle aber drauf.« Paulette schnuppert am Papier. »Sogar die Einladung riecht nach Ziegenbock.«
 »Von einem Künstler erwartet man Authentizität …«
 »Erwartet, erwartet, immer nur erwartet …«, mault Paulette.
 »Wir alle sind Kraftfeldern ausgesetzt …« Gähnend kämpft Agnès gegen die Schwere ihrer Lider. »Bräuche, Konventionen und Gesetze zwingen uns, den üblichen Abläufen des Han-

delns zu folgen. Je nach den Positionen, die man in sozialen Einheiten hat, sind andere Abläufe üblich, so dass man es mit verschiedenen Kombinationen von Kraftfeldern zu tun bekommt. Schau Dich nur um! Die Badegäste sind nur teilweise denselben Erwartungen ausgesetzt wie die Bademeister oder die Eisverkäufer. Ihr typisches Handeln folgt aus einer spezifischen Kombination von Kraftfeldern, die man als Rolle bezeichnet. Eine Rolle, könnte man sagen, ist ein Bündel von Erwartungen, die sich an eine Position in einer Einheit knüpfen. Wenn Du an einen öffentlichen Strand gehst, mutet Dir der Staat von Rechts wegen zu, Dein Tanga-Höschen anzubehalten. Dieser Erwartung *musst* Du entsprechen, ebenso wie Du für Dein Frühstück bezahlen musst…«

»…sonst kommen die Gendarmen und ich lande wegen Erregung öffentlichen Ärgernisses oder Zechprellerei im Knast…«

»Die anderen Badegäste muten Dir qua Konvention zu, nicht übermäßig zu lärmen. Dieser Erwartung *solltest* Du tunlichst entsprechen, ebenso wie Du dem Service ein Trinkgeld geben solltest…«

»…sonst ziehe ich Missgunst auf mich…«

»Und dann ist da noch Deine Freundin, die Dir nichts zumutet, aber entzückt ist, wenn Du sie eincremst oder ihr ein Eis holst. Diese Bräuche sind Erwartungen, denen Du entsprechen *kannst* oder auch nicht. Falls Du es tust, wirst Du ihr noch sympathischer, falls nicht, ist es nicht weiter schlimm. So ist es mit allen Bräuchen…«

»Möchtest Du ein Eis?«

Agnès schüttelt den Kopf? »Diese Muss-, Soll- und Kann-Erwartungen bündeln sich nun und erzeugen zusammen mit vielen anderen die Rolle des Badegastes…«

»…und der Strand ist die Freilichtbühne!«

»Du schlüpfst in die Rolle des Badegastes wie der Schauspieler in die Rolle des Fauns. Er richtet sich nach einem Drehbuch, das seine Handlungen vorschreibt. Du richtest Dich auch nach einem Drehbuch, das Dir vorschreibt, den typischen Abläufen des Handelns zu folgen. Stell' Dir vor, der Schauspieler würde einen Badegast spielen, dann würde er genauso handeln wie wir alle hier …«

»… und wir würden es nicht einmal merken, wenn sie mit versteckter Kamera filmen …«

»… weil wir unsere Mitmenschen nicht als Individuen, sondern verallgemeinert sehen, als Mitbewohner der sozialen Welt: als Badegast, als Bademeister, als Eisverkäufer … Dieses kleine Wörtchen *als* bezeichnet die soziale Dimension unserer Existenz. Jedes Individuum hat sein So-Sein, seine ganz besondere Existenz als Persönlichkeit, so wie sie nun einmal ist …«

»… und wie man sie eher hört als sieht …«, ergänzt Paulette.

»Jedes Individuum hat aber auch sein Als-Sein, von klein auf: als Kind, als Schüler …«

»… und das sind Rollen …«

»Wollen doch mal schauen … Hallo!« Agnès winkt den Faun heran, der prompt angetrabt kommt. »Was, bitteschön, bedeutet das MORE?«

»Höhepunkte der Klassiker: Molière, Cervantes, Shakespeare … Kostprobe wohlfeil?«

»Höhepunkte?«, stutzt Agnès.

»Best of …«, klärt Paulette.

»Shakespeare! *Wie es euch gefällt*? Zweiter Aufzug, siebte Szene, den Jacques … *Die ganze Welt ist eine Bühne* … Wenn Sie's rezitieren, kommen wir heute Abend zur Vorstellung, nicht wahr, Paulette?«

»Abgemacht!« Der Faun wirft sich in Pose und rezitiert mit melancholischer Stimme:

»*Die ganze Welt ist [eine] Bühne,*
Und alle Fraun und Männer bloße Spieler.
Sie treten auf und gehen wieder ab,
Sein Leben lang spielt einer manche Rollen
Durch sieben Akte hin. Zuerst das Kind,
Das in der Wärtrin Armen greint und sprudelt;
Der weinerliche Bube, der mit Bündel
Und glattem Morgenantlitz, wie eine Schnecke,
Ungern zur Schule kriecht; dann der Verliebte,
Der wie ein Ofen seufzt, mit Jammerlied
Auf seiner Liebsten Braun; dann der Soldat,
Voll toller Flüch und wie ein Pardel bärtig,
Auf Ehre eifersüchtig, schnell zu Händeln,
Bis in die Mündung der Kanone suchend
Die Seifenblase Ruhm. Und dann der Richter,
In rundem Bauche, mit Kapaun gestopft,
Mit strengem Blick und regelrechtem Bart,
Voll weiser Sprüch und neuester Exempel,
Spielt seine Rolle so. Das sechste Alter
Macht den besockten hagern Pantalon,
Brill auf der Nase, Beutel an der Seit;
Die jugendliche Hose, wohlgeschont,
'ne Welt zu weit für die verschrumpften Lenden;
Die tiefe Männerstimme, umgewandelt
Zum kindischen Diskante, pfeift und quäkt
In feinem Ton. Der letzte Akt, mit dem
Die seltsam wechselnde Geschichte schließt,
Ist zweite Kindheit, gänzliches Vergessen,
Ohn Augen, ohne Zahn, Geschmack und alles.«

Während der Rezitation haben sich etliche Badegäste zu einem Publikum um die drei geschart und applaudieren nun begeistert.

»Ich würde mich freuen, Sie heute Abend im Zelt des *Theatre du ciel* begrüßen zu dürfen!« Der Faun macht einen Diener, wendet sich Agnès zu und küsst ihr die Hand. »Und Sie ganz besonders, Madame…« Er nimmt eine Hand voll Werbezettel aus einem Ziegenlederbeutel und trabt den Badegästen hinterher, die miteinander scherzend zu ihren Plätzen zurückgehen.

»Du hattest recht, der hat's drauf…« Agnès schaut dem Faun fasziniert hinterher. »Das erinnert mich an eine Anekdote aus dem Theaterleben Barraults. Als junger Mann musste er einen Reiter auf einem imaginären Pferd spielen. Er übte vormittags auf der Bühne, während die Putzfrauen saubermachten. Erst beachteten sie ihn nicht, bis sie nach ein paar Tagen auf ihn aufmerksam wurden. Mit gekreuzten Händen auf ihren Besenstiel gestützt, rief ihm eine zu: *He, junger Mann! Ich möchte mal wissen, was Sie da so jeden Morgen auf Ihrem Pferd machen!* Für Barrault war es die schönste Ermutigung seines Lebens.«

»Pass mal besser auf, Agnès, wenn dieser Faun nur halb so authentisch handelt wie er riecht, hast Du es garantiert mit einem geilen Bock zu tun. Das erwartet man von einem Faun!«

»Und er erwartet, dass wir zur Vorstellung erscheinen, weil es Konvention ist, Versprechen zu halten. Sagen wir viertel vor zehn am Zelt?«

～

Viertel vor zehn am Zelt hat Paulette Mühe, Agnès zu finden, so groß ist der Andrang.

»Wer hätte das gedacht?«

Die beiden stellen sich an das Ende der Reihe, die wie der Schwanz einer Kaulquappe auf das blaugraue Zelt zuläuft, das sich sanft im Wind bauscht und einen Zirkusgeruch verströmt.

»Das riecht nach großer weiter Welt…«, inhaliert Paulette.

Kaum dass sie die sägemehlgesättigte Unabhängigkeitserklärung ausgeatmet hat, hängen zwei Männer in roten Marschall-Kostümen ein Schild vor den Eingang:

AUSVERKAUFT

Eine Durchsage folgt per Flüstertüte. »Meine sehr verehrten Damen und Herren, leider sind wir ausverkauft, aber wir würden uns freuen, Sie, hochgeschätztes Publikum, morgen Abend begrüßen zu dürfen.«

Als hätten sie den Chor einer griechischen Tragödie zu geben, skandieren die Wartenden ein trochäisches »Schade…«, bevor sie sich zu Pärchen und kleineren Gruppen auf den Rückweg in die Stadt machen.

»Morgen Abend kann ich nicht…« Agnès zuckt mit den Schultern, während sich Paulette umschaut. »Vielleicht ist irgendwo ein Schlitz in der Plane, dann könnten wir… Du weißt schon… umsonst und draußen…«

»Das ist kindisch«, protestiert Agnès.

»Nein, lustig!« Paulette nimmt Agnès an der Hand und schleppt sie unbeeindruckt von dem Treiben um sie herum am Eingang vorbei hinter das Zelt, wo etliche Bierkisten und allerlei Requisiten abgestellt sind. Nachdem sie ausprobiert hat, ob sich die Flügel einer mannshohen Windmühle drehen lassen, streift sie an der Rundplane entlang. »Scheint dicht zu sein…« Doch wenige Meter weiter hellt sich ihr Gesicht schon wieder auf. »Sieh da! Eine Leiter!«

»Du willst doch nicht…«, versucht Agnès sie zu bremsen.

»Los!« Flugs klettert sie die Leiter hoch. »Komm' schon, sei keine Spielverderberin!« Agnès blickt sich verunsichert um, bevor sie ihr mit einem »Was soll's?« aufs Zeltdach folgt. Oben angelangt, robben die beiden die leicht ansteigende Dachplane Richtung Mastspitze hoch und drehen sich auf halber Höhe auf den Rücken.

Aus dem Zeltinnern dringt gedämpft Musik herauf und vermischt sich mit den Geräuschen der nahen Stadt. Die vom Meer herüberwehende Brise verwandelt die blaugraue Plane in sanft wogende Wellen, auf denen die beiden langsam aus der Zeit treiben, während sich der milde Nachthimmel wie eine Daunendecke über sie breitet.

Äonen später zündet sich Agnès eine Zigarette an.

Dienstag

Yvette steckt ihren Kopf ins Zimmer. »Heute ist mein freier Tag. Haben Sie Lust, mit mir an den Strand zu gehen?«

»Für heute Nachmittag bin ich zum Surfen verabredet. Aber bis dahin komme ich gerne mit – vorausgesetzt, wir duzen uns.«

»Abgemacht!«

~

In der Eisdiele *Iceberg*, in der man zwischen 50 Geschmacksrichtungen wählen kann, nimmt Yvette eine Waffel mit einer Kugel Melone. Paulette tigert vor der Auslage hin und her, bis sie sich für eine Kugel Zuppa Inglese entscheidet.

Die beiden schlendern über die Promenade, auf der man trotz der frühen Stunde schon Spiegeleier braten könnte. Außer einer Joggerin mit der üblichen Wasserflasche und zwei Teenies, von denen die eine so pummelig wie die andere mager ist, sind nur Möven unterwegs. Das Meer leuchtet türkis herüber.

Paulette und Yvette beschließen, sich in die Liegestühle zu legen, die die Stadt im Schatten großer Palmen für die Sommergäste aufgestellt hat, und nähern sich gemächlich einem kleinen Pulk von Stühlen, wo zwei ältere Männer mit Glatze und Büscheln weißer Haare auf der Brust dösen.

»Wohin?« Yvette blickt in die Runde.

»Die stehen so dicht beieinander …«

»Wie wär's da drüben? Mit Blick aufs Meer«, schlägt Yvette vor.

Die Mädchen steuern auf zwei freie Stühle zu, als sich einer der Männer reckt und ihnen zuruft: »He ihr zwei Hübschen! Die sind besetzt!«

»Ich kann aber keinen Besetzer sehen«, scherzt Paulette.

»Trotzdem!«

»Das sind wohl Unsichtbare!«, hakt Paulette nach.

»Ganz schön kess, die Kleine.«

»So ist die Jugend heute«, stimmt der andere Mann zu.

Paulette lässt nicht locker. »Hier liegen nicht mal Handtücher!«

»Besetzt ist besetzt! Basta!«

»Schon gut …« Paulette rollt mit den Augen. »Dann nehmen wir eben diese beiden da!«

»Die sind auch besetzt!«, tönt der andere Mann.

Paulettes Antwort kommt wie aus der Pistole geschossen: »Hören Sie, diese Liegestühle sind öffentlich! Jeder darf sie benutzen!«

»Wenn *ich* Dir sage, dass sie besetzt sind, dann sind sie besetzt!«, schallt es ihr mit autoritärer Inbrunst entgegen.

»*Dein* Pech, dass mich nicht die Bohne interessiert, was *Du* mir sagst!«

Der Mann fährt hoch. »Auch noch unverschämt!« Mit puterrotem Kopf und schwellender Halsschlagader, die sein Goldkettchen zu zerreißen droht, marschiert er auf die Mädchen zu und bringt sich vor ihnen in Stellung. »Am besten, ihr verschwindet. Und zwar schleunigst!«

Den Blick des Mannes fixierend, flötet Paulette Yvette zu: »Hast Du gehört? Am besten wir verschwinden *schleunigst* … und zwar … JETZT!« Im Bruchteil der Sekunde, in der sich der Mund des Mannes öffnet, um erneut loszupoltern, stopft ihm Paulette das Zuppa Inglese zwischen die Zähne. Dann packt sie Yvettes Arm und reißt sie mit sich fort. Als der Düpierte prustend die Verfolgung aufnimmt, schreit Paulette »Vergewaltigung!«, worauf der Verfolger zur Salzsäule erstarrt. Die Mädchen flitzen zum Ufer und tauchen in die Masse der Badenden.

»Dem hast Du's aber gegeben«, atmet Yvette erleichtert auf.

»*Das* sind die Waffen einer Frau«, feixt Paulette.

»Ich hätte mich das nie getraut.«

»Ach was, wir Frauen sind gar nicht so ohnmächtig. Lass uns ein Sonnenbad nehmen!«

Die Mädchen rollen ihre Badematten aus, schlüpfen aus ihren Klamotten und machen es sich bequem. Als Yvette den Sitz ihres Bikinis überprüft, mustert Paulette ihren gertenschlanken Körper.

»Warum bist Du nicht Model geworden, bei *der* Figur?«

»Ich möchte lieber Mode *machen*. Badeanzüge und Bikinis habe ich auch schon entworfen. Einer ist echt originell. Als *bottom* nur ein klassischer Slip. Dafür ist das *top* umso raffinierter. Es besteht aus einem drei Zentimeter breiten Band, das um die rechte Schulter geschlungen und vorne zur linken Taille gespannt wird, und zwar so, dass es oben die linke und unten die rechte Brust bedeckt. Dann wird es um die Taille herum gezogen, knapp über den *belly* geführt und hinten eingehakt. Dieses Modell kann man natürlich nur tragen, wenn man einen kleinen Busen hat.«

»Klingt sexy!« Paulette häkelt am Verschluss ihres Tops herum, bis es sich entspannt und auf ihre Schenkel sinkt. »Ist der klein genug?«

Yvette gibt ihr einen Schubser. »Vergiss' nicht, Dich einzucremen!«

»Ziemlich voll heute.« Paulette fischt ihre Sonnencreme aus ihrer Badetasche.

»Alles da, an *bottoms* und *tops*: Hot Pants, Slips, Tangas, Strings, G-Strings, Triangel, Bügel, Push Ups, Airbras, Bandeaus, Sunkinis, Tankinis … Alle können tragen, was sie wollen …«

»… und Oben-ohne, wenn sie Lust haben …«

Im Glanz ihrer Sonnencremes dösen die beiden dem Mittag entgegen.

～

Als Paulette nachmittags beim Bootsverleih aufkreuzt, findet sie Agnès schlummernd in einem Campingstuhl vor. Sie schleicht auf Zehenspitzen zu ihr hin, um ihr ein Küsschen auf die Nasenspitze zu geben. Agnès schlägt die Lider auf und lächelt wonnig. »Ah, Du bist's …«

»Verzeih', ich habe mich verspätet. Ich war mit Yvette unterwegs. Sie jobbt im *Beauregard*, aber eigentlich macht sie Mode.«

»Klingt interessant! Hattet Ihr Spaß?«

»Später schon, aber zunächst hatten wir Ärger mit zwei alten Säcken wegen der Liegestühle auf der Promenade, die angeblich besetzt waren.«

»Das waren wahrscheinlich Wächter.« Agnès richtet sich auf und lädt Paulette mit einer Handbewegung ein, es sich im anderen Campingstuhl bequem zu machen.

»Die waren nicht von der Stadt, sondern stinknormale Urlauber.«

»Die beiden haben die Stühle im Auftrag ihrer Besitzer bewacht, die vermutlich noch beim Frühstück waren. Dafür durften sie die Stühle solange selbst benutzen.«

»Besitzer?«, wundert sich Paulette. »Die Stühle sind doch öffentlich!«

»So steht es in der städtischen Rechtsordnung, die allerdings durch ein Gewohnheitsrecht in Frage gestellt wird.«

»Dann gibt es hier zwei Rechtsordnungen nebeneinander?«

»Und ihr seid zwischen diese Kraftfelder geraten.«

»Wie soll das gehen?«

»Wie Du weißt, entstehen Normen dadurch, dass man ein Einverständnis darüber erzielt, einem bestimmten Ablauf entsprechend zu handeln. Meistens möchte man, dass ein Brauch weiterhin so abläuft, wie er abläuft. Man kann aber auch etwas Neues vereinbaren, um aktuellen Gefühlen oder Interessen zu entsprechen. Die Rechtsnormen jedenfalls sind so verbindlich, dass man jemanden eigens damit beauftragt, ihre Einhaltung zu überwachen …«

»… die Polizei und die Gerichte …«

»… die es natürlich auch hier in La Baule gibt, um die Rechtsordnung zu garantieren.«

»Darunter fällt die Nutzung der Liegestühle!«

»Vermutlich geht dieser Paragraph auf eine Interessenlage zurück. Ende des 19. Jahrhunderts entdeckten die Groß-städter das Meer für ihre Sommerfrische. Die Orte an der Küste waren daran interessiert, möglichst viele Sommergäs-te anzulocken. Jeder errichtete eine touristische Infrastruk-tur und vereinbarte eine Rechtsordnung, um die Nutzung öffentlicher Einrichtungen zu regeln. Seither stehen Liege-stühle zum Wohle aller Gäste zur Verfügung. Sobald jemand aufsteht, ist der Stuhl für den Nächsten frei …«

»… und die Gendarmen haben dafür zu sorgen, dass nie-mand die Stühle blockiert.«

»Dafür haben sie kraft ihres Amtes die Macht. Sie können die Rechtsordnung auch gegen den Willen der Gäste durch-setzen, die ordnungswidrig handeln, indem sie ihnen eine Verwarnung erteilen oder ein Bußgeld abknöpfen.«

»Nur leider war heute Morgen nichts von ihnen zu se-hen.«

»Die Stadt spart an allen Ecken und Enden, seitdem der Tourismus in den letzten 20 Jahren drastisch abgenommen hat. La Baule ist *out*. Für das gleiche Geld kann man seinen Urlaub in der Karibik oder sonst wo verbringen.«

»Das nennt man Globalisierung!«

»Die Folge ist, dass in den öffentlichen Räumen hierzulande mangels Kontrolle ungestraft gegen die Rechtsordnung verstoßen werden kann, bis sich schließlich keiner mehr an ihr orientiert und sich Gewohnheitsrechte durchsetzen.«

»Ich dachte bis heute, dass es zu viele Gendarmen gibt …« Paulette schüttelt desillusioniert den Kopf.

»Andererseits gibt es regelmäßig Urlauber, die einen Besitzanspruch auf die Stühle erheben, damit sie während ihres ganzen Urlaubs darüber verfügen können.«

»Aber warum lassen sich das die anderen Urlauber gefallen? Die sind doch in der Überzahl.«

»Es kommt häufig vor, dass eine Minderheit Macht über eine Mehrheit gewinnt und sich gegen sie durchsetzt. Dazu kann ihr alles Mögliche verhelfen. Oft genügt schon ein kleiner Vorsprung, wie bei den Liegestühlen. Die Rechtsordnung gilt solange unangefochten, bis Urlauber einen Besitzanspruch erheben und Stühle, auf denen sie nicht liegen, für belegt erklären …«

»… indem sie Handtücher darauf legen.«

»Sicherer ist es, wenn sie sich zusammentun. Dann können die einen gehen, während die anderen auf die freien Stühle aufpassen und die Urlauber verscheuchen, die sich darauf niederlassen wollen. Typisch für ein solches Arrangement ist, dass die Stühle näher aneinander gerückt sind.«

»Genau wie heute morgen! Die waren ganz dicht beisammen. Das ist mir gleich aufgefallen!«

»Dadurch entstehen zwei Gruppen: die Besitzer und die Nichtbesitzer. Die Besitzer können sich mühelos zusammentun, weil sie das gleiche Interesse haben. Wenn man daran interessiert ist, dass der Stuhl, auf dem man liegt, während der eigenen Abwesenheit nicht von anderen besetzt wird, liegt es nahe, den Nachbarn, der auch Liegestuhlbesitzer ist, zu bitten, ihn freizuhalten.«

»Weil er ein Interesse daran hat, einem zu helfen.«

»Er kann damit rechnen, dass man ihm in seiner Abwesenheit ebenfalls helfen wird. Die Besitzenden haben sich unmittelbar etwas zu bieten: nämlich den Schutz ihres momentanen Besitzes durch gegenseitige Stellvertretung. Das verbindet sie und so erzielen sie schnell ein Einverständnis, dass ihr Arrangement *in Ordnung* ist, obwohl es der städtischen Rechtsordnung widerspricht. Dafür müssen sie nur den Besitzanspruch derjenigen anerkennen, die ihren eigenen Besitzanspruch anerkennen.«

»Es entsteht eine Gegenordnung…«

»… die sich nicht in Konventionen erschöpft, sondern zu einem Gewohnheitsrecht wird, das, obwohl man es in keiner Satzung festschreibt, den Charakter einer Rechtsordnung annimmt. Die Besitzer vermieten ihre Stühle nämlich zeitweilig an Nichtbesitzer. Die dürfen sie in ihrer Abwesenheit benutzen und müssen als Miete alle Stühle bewachen. Diese Privatpolizei ist darauf eingestellt, die Gegenordnung zu überwachen. Das entlastet die Besitzer, die in ihrem Urlaub ja auch noch etwas anderes unternehmen wollen.«

»Solche Wächter haben wir gesehen! Die meinten wirklich, sie seien im Recht. Aber warum nehmen die Nichtbesitzer dieses neue Kraftfeld einfach so hin?«

»Weil sie ein grundsätzliches Problem haben. Natürlich haben sie auch ein gemeinsames Interesse, nämlich in den Genuss der Stühle zu kommen. Aber diese Einigkeit beantwortet noch lange nicht die Frage, welche Ordnung ihnen vorschwebt.«

»Die städtische Rechtsordnung muss wieder hergestellt werden!«

»Das läge nahe, ist aber kaum möglich, weil die Besitzer

auf dem Gewohnheitsrecht beharren und neue Urlauber ebenfalls Besitzansprüche stellen. Die Nichtbesitzer müssten also jedesmal von neuem die Rechtsordnung gegen Besitzansprüche geltend machen, während sie ihrerseits die Stühle nach Gebrauch kampflos freigäben.«

»Dann muss eine ganz andere Ordnung her, die die Verteilung der Stühle im Interesse aller regelt!«

»Aber welche?«

Paulette zuckt ratlos mit den Schultern.

»Erschwerend kommt hinzu, dass sich die Nichtbesitzer nichts unmittelbar zu bieten haben. Sie können nicht wie die Besitzer mit einem sofortigen Vorteil rechnen, sondern müssen sich auf ein fernes und unklares Ziel hin orientieren. Sie kämpfen nicht für den wirklichen Stuhl, auf dem sie momentan liegen, sondern für einen imaginären Stuhl, von dem sie nicht wissen, wann und wie lange sie darauf werden liegen können. Das führt dazu, dass sie sich nicht so mühelos zusammentun können. Bevor man eine gemeinsame Aktion startet, will man schließlich wissen, was dabei herausspringt.«

»Die haben wirklich schlechte Karten …«

»… zumal mit den Wächtern eine dritte Gruppe dazu gekommen ist. Die Wächter führen den Nichtbesitzern vor Augen, dass sie freiwillig in der schlechtesten Situation sind. Denn sie könnten ja – wenn sie nur wollten – in den Genuss eines Stuhls kommen.«

»Sie müssen geradezu den Eindruck gewinnen, dass sie selbst schuld an ihrer Situation sind.«

»Damit dürfte klar sein, wie diese Minderheit Macht über die Mehrheit gewinnt. Sie beginnt mit nichts anderem als der momentanen Verfügung über ein öffentliches Gebrauchsgut. Ihr Besitz löst automatisch das Verteilungsproblem und erleichtert es, sich zusammenzutun und ein Einverständnis darüber zu erzielen, dass sie Anspruch auf die exklusive und dauerhafte Verfügungsgewalt über die Stühle haben – einen Anspruch, den sie auch gegen Widerstand durchsetzen, wie Du ja heute morgen selbst erlebt hast.«

»Ich nehme an, das passiert nicht nur hier am Strand.«

»Die Ausgangslage ist überall die gleiche. Ein hauchdünner Vorsprung genügt, um einen Prozess der Machtbildung in Gang zu setzen. Dieser Vorsprung kann aus allem Möglichen bestehen. Hier in La Baule, wo er aus Besitz besteht, kann man die Miniaturausgabe eines Prozesses beobachten, der die Gesellschaft hervorgebracht hat, in der wir heute leben.«

»Die bürgerliche Gesellschaft …«

»… der die Bürger abhanden gekommen sind. Das ist eine spannende Geschichte, aber sind wir nicht zum Surfen verabredet?«

»Wie wäre es mit einem Kompromiss? Wir nehmen ein Boot und Du erzählst mir draußen die Geschichte!«

»Warum nicht?«, lenkt Agnès ein. »Eine passendere Umgebung für diese Geschichte kann ich mir kaum vorstellen.«

∼

Agnès und Paulette schieben ein Boot über den Sand ins Wasser und steigen hinein. Während es sich Paulette im Heck bequem macht, setzt sich Agnès auf die mittlere Bank und ergreift die Ruder, unter deren Schlägen das Boot rasch Fahrt aufnimmt. Paulette hat keine Augen für das Meer, so fesseln sie die rhythmischen Bewegungen dieser sehnigen Arme, die im Kontrast zur Ruhe der langen, sanft geschwungenen Beine noch kraftvoller wirken. Als auf ihrer Stirn Schweißperlen glitzern, hält Agnès inne und keucht erschöpft. »Ganz schön heiß …«

»Wollen wir schwimmen?«

Ihre Blicke duellieren sich. Einen Sekundenbruchteil später werfen sie Shirts und Shorts von sich, um im Bikini ins Meer zu hüpfen, dessen Kühle sie wie eine zweite Haut umfängt. Nach einigen Schwimmzügen drehen sie sich auf den Rücken und lassen sich den Kopf halb unter Wasser in der Stille des Meeres treiben.

Wieder an Bord, setzen sie sich mit den Rücken an die Bootswände gelehnt *vis-à-vis* auf den Boden, um sich von der Sonne trocknen zu lassen. Das Boot dümpelt einschläfernd auf den Wellen. Agnès ertappt sich dabei, wie sie Paulette wer weiß wie lange schon in die Augen schaut, in denen sich die unendliche Weite des Himmels Ton in Ton spiegelt. Sie lächelt versonnen und beginnt leise zu singen:

> *»La mer*
> *Au ciel d'été confond*
> *Ses blanc moutons*
> *Avec les anges si purs*
> *La mer bergère d'azur*
> *Infinie.«*

∼

»Was hat das Meer eigentlich mit der bürgerlichen Gesellschaft zu tun?«

»Es ist ihr *Naturelement* …«

»Inwiefern?«

»Machen wir uns noch einmal auf eine Zeitreise! Gestern haben wir darüber gesprochen, dass der Protestantismus den Geist des Kapitalismus auf den Weg gebracht hat. Auf sein Konto gehen auch die Religionskriege zwischen den Katholiken und Protestanten, die den Kontinent ein Jahrhundert lang verheerten, bis die absolutistischen Staaten entstanden und Frieden stifteten. Auf ihre Beamten, Polizisten und Militärs gestützt, entmachteten die Könige die Stände, um die Souveränität zu erlangen, der sich alle unterwerfen mussten, ungeachtet ihrer Herkunft und ihres Glaubens. Die Adligen und Kleriker behielten zwar Privilegien, mussten aber ebenso dem Kraftfeld des staatlichen Rechts entsprechend handeln wie der Dritte Stand: die Bürger, Handwerker, Bauern, Arbeiter – ob sie nun katholisch oder protestantisch waren.«

»Wie hat das funktioniert?«

»Der Trick war, dass der Souverän den Menschen ihre religiösen Gefühle und sonstigen Meinungen nicht verbot, sondern sie nur zur Privatsache erklärte. Als Privatmensch konnte man glauben und denken, was man wollte. Da war man *in secret free*. Als Staatsbürger war man jedoch Untertan und musste dem Recht bedingungslos folgen.«

»Ganz schön schizo …«

»… und fatal. Dieser private Innenraum, den der absolutistische Staat den Menschen gewährte, war die Keimzelle, aus der sich die bürgerliche Gesellschaft entwickelte, um ihn zu stürzen. Die treibende Kraft war die *Haute Bourgeoisie*, mit Großindustriellen, Bankiers, Spekulanten, Großgrundbesitzern als Elementarteilchen, die im Geiste des Kapitalismus riesige Vermögen erwirtschafteten. Trotzdem waren sie mit der staatlichen Lenkung der Wirtschaft nicht einverstanden. Solange sie ihre Meinung für sich behielten, waren sie ungefährlich. Dann aber begannen sie, sich zu treffen, um ihre Interessen zu verbinden.«

»Das war riskant …«

»Wenn sie sich in der Öffentlichkeit trafen, dann nur, wo keine Staatsdiener zugegen waren: in Akademien, Bibliotheken, Cafés, der Börse. Um ganz sicher zu gehen, nicht bespitzelt zu werden, gründeten sie auch Geheimgesellschaften wie die Freimaurerlogen.«

»Jetzt wird's spannend!«

»Ein Geheimnis wirkt wie eine Schutzmauer, hinter der man frei reden und sich zusammentun kann. Es grenzt die Geheimnisträger von ihrer Umgebung ab und bindet sie aneinander. Sie *müssen* eine Gesellschaft bilden, um sich gegenseitig die Geheimhaltung des Geheimnisses zu garantieren. Wenn sie nur ein loser Haufen wären, würde es schnell ausgeplaudert.«

»Daher der Name: bürgerliche *Gesellschaft*!«

»Diese Gesellschaft nistete sich zwischen dem Staat und der Familie ein, die als Gefühlsraum abseits von Politik und Wirtschaft den sicheren Hafen bieten sollte, in dem der Bürger neue Kraft schöpfen konnte. In der Gesellschaft ging es nicht um Gefühle, sondern um das gemeinsame Interesse, dass sich der Staat aus den Geschäften heraushält, denn das Eigentum wurde immer wichtiger. Die Bürger konnten dem asketischen Protestantismus auf Dauer nichts abgewinnen. Sie blieben dem selbstdisziplinierenden Arbeitsethos treu, verbanden es aber mit dem Wunsch nach *irdischem* Glück, bis sie sich schließlich ganz über ihr Eigentum definierten. Etwas besitzen zu können gehörte ihrer Meinung nach zur Natur des Menschen. Und weil er sich zuallererst selbst besitzt, behaupteten sie, dass er als Eigentümer seiner Person frei vom Willen anderer sei, also auch vom Willen des Souveräns. Für sie bestand die Gesellschaft aus Freien und Gleichen, die als Eigentümer ihrer selbst und dessen, was sie sich aneignen, in Beziehungen des Tauschs und der Arbeitsteilung zueinander stehen. Der Staat sollte nur noch das Eigentum schützen und für eine ungestörte Konkurrenz auf dem Markt sorgen. Das Motto war *Laissez faire!*«

»Das ließ sich der Staat wahrscheinlich nicht gefallen.«

»Keineswegs, es war kein Zufall, dass es in Frankreich zur Revolution kam, wo der Staat am absolutistischsten war. Die *Haute Bourgeoisie* konnte den neuen Staat zwar nicht auf Anhieb errichten. Am Ende setzte sie sich aber doch gegen alle Beteiligten durch. Durch ihren Besitz von vornherein im Vorteil, hatte sie mit ihrer Machtbildung schon im Geheimen begonnen und sich auf ein Ziel verständigt. 1789 machte sie sich zur Fürsprecherin des Dritten Standes, den sie brauchte, um den alten Staat zu stürzen. Nach der Revolution bootete sie das Volk allerdings gleich wieder aus, indem sie nicht nur Zweidrittel der Liegenschaften des Königs und der Stände, die man zu Nationalgütern erklärt hatte, erwarb …«

»… etwas größere Liegestühle also …«, feixt Paulette.

»Sie strebte auch ein Recht an, das ihrem Interesse als Minderheit gegenüber der Mehrheit des Volkes entsprach. Nach einigen Rückschlägen paktierte sie mit Napoléon, der ihr 1804 das Recht auf den Leib schneiderte. Das neue Kraftfeld des *Code Napoléon* schützte das Privateigentum gegen Angriffe seitens des Volkes und schuf den juristischen Rahmen, in dem die Vermehrung des Besitzes ungestört stattfinden konnte. Die Restauration tastete die Besitzverhältnisse nicht an. Mit der Julirevolution 1830 …«

»… die Delacroix gemalt hat: *Die Freiheit führt das Volk!*«

»… war es soweit. Louis Philippe, der Bürgerkönig, forderte die *Haute Bourgeoisie* sogar auf, ihrem wirtschaftlichen Interesse zu frönen: *Enrichissez vous!* So konnte sie unter der Obhut des Staats durch unzählige rationale Handlungen das Kraftfeld des so genannten freien Markts erzeugen und eine Plutokratie errichten: eine Herrschaft der Reichen, genauer gesagt jener zweihundert Familien, die bis ins 20. Jahrhundert am Ruder blieben: die Périers, Rothschilds, de Wendels, während man die Armen auf Distanz hielt.«

»Aber wann kam denn nun das Meer ins Spiel?« Paulette

greift mit dem rechten Arm nach hinten über den Boots-
rand, um ihn ins Wasser zu tauchen.

»Das war es immer schon. Die bürgerliche Gesellschaft war
einerseits in die Grenzen ihres jeweiligen Staats eingeschlos-
sen und insofern Nationalgesellschaft. Deswegen sprechen
wir heute noch von der französischen oder der englischen
Gesellschaft. Andererseits war sie potenziell Weltgesellschaft,
weil sie die Staatsgrenzen permanent überschritt. Die Bürger
reichten sich über alle Entfernungen hinweg tauschbegierig
die Hände und brachten schon im 18. Jahrhundert die Globalisierung auf den Weg.«

»*Die große Industrie hat den Weltmarkt hergestellt*, sagt
Marx.«

»Die bürgerliche Gesellschaft war ihrer Idee nach unbe-
grenzt. Sie konnte jedes noch so entfernte Land einbeziehen,
weil die Möglichkeit einer gesellschaftlichen Beziehung nicht
mehr voraussetzte als Menschen, die etwas leisten konnten.
Auf Herkunft, Religion und Nationalität kam es ebensowenig an wie auf Stand, Zunft und Familie. Die bürgerliche
Gesellschaft hatte ihr Korrelat in der ganzen Menschheit. Du
erinnerst Dich an die Formel, dass kleinere soziale Einheiten
die Freiheit des Einzelnen einschränken, während größere sie
begünstigen. Je enger ein Kreis ist, desto weniger kann sich
das Individuum entfalten, je weiter er ist, desto größer ist der
Spielraum und desto größer die Chance, frei zu sein.«

»Der größte Kreis ist die Menschheit, verstehe!«

»Darum strebte die in Westeuropa entstehende, dem
eigenen Anspruch nach aus freien und gleichen Individuen
bestehende bürgerliche Gesellschaft danach, Weltgesellschaft
zu werden. Dazu musste sie in die Welt hinaus, was am besten
übers Meer ging. *Das Meer ist die breite, ungeheure Straße,
wodurch die Menschen in Verbindung miteinander treten*, hat
einmal ein Philosoph gesagt. Das Meer ist *das Naturelement*

der Industrie, zu dem die bürgerliche Gesellschaft hinstreben muss.«

»Wenn es nicht von selbst kommt!« Plötzlich spritzt Paulette mit Wasser, das sie mit ihrer Rechten aus dem Meer schöpft. Agnès kneift die Augen zusammen, um sofort ihrerseits über Bord zu greifen und es Paulette lauthals lachend heimzuzahlen. »Du kleines Biest!« Als das Boot nach heftiger Gegenwehr zu kentern droht, lassen sich beide prustend zurücksinken.

Die flüssige Glätte von Paulettes Körper vor Augen, zögert Agnès einen Wimpernschlag, bevor sie mit der Geschichte fortfährt. »Dieser Philosoph hat auch erkannt, was daraus für die sozialen Beziehungen folgt. *Wie für das Prinzip des Familienlebens die Erde, fester* Grund *und* Boden, *Bedingung ist, so ist für die Industrie das nach außen sie belebende Element, das Meer.* In ihrer grenzenlosen Tauschgier versetzten die Bürger das *Festwerden an der Erdscholle* mit dem *Elemente der Flüssigkeit.* Sie lösten die Menschen aus allen festen traditionalen Beziehungen heraus und warfen sie ins *eiskalte Wasser egoistischer Berechnung* – um auch mal Marx zu zitieren.«

»Sie haben *kein anderes Band zwischen Mensch und Mensch übriggelassen, als das nackte Interesse, als die gefühllose bare Zahlung*«, ergänzt Paulette.

»Die Menschen werden austauschbar, sie müssen flexibel und mobil sein, ihre Beziehungen müssen flüssig bleiben, das erzwingt das Kraftfeld des freien Marktes.«

$\sim$

»Agnès!«, dröhnt es blechern. Die beiden fahren herum und starren zum Ufer. Dort steht ein Mann mit einer Flüstertüte.

»Das muss Tadeusz sein, typisch …«

Als sie wieder festen Grund und Boden unter den Füßen haben, erwartet er sie schon voller Ungeduld, die Hände in die Hüften gestemmt. »Wie steht's Agnès, kommst Du heute Abend ins Konzert?«

»Ein Cocktailkleid dürfte genügen, nehme ich an. Kann Paulette mitkommen?«

Ohne die Antwort abzuwarten, schaltet sich diese ein. »Ein Kleid hätte ich …«

Tadeusz rümpft die Nase. »H & M …«

»K & L«, pariert Paulette.

Tadeusz' Stirn wirft sich in Falten. »Also 22 Uhr, nicht vergessen!« Mit wichtigtuerischer Miene drückt er Paulette die Flüstertüte in die Hand und macht sich auf den Weg.

»Sag', Agnès, ist *der* Dein Freund?«, fühlt Paulette vorsichtig vor.

»*Ein* Freund, er ist Künstler, Lebenskünstler … «

»Aus der Modebranche scheint er nicht zu sein.«

»Er hat Dich von oben herab behandelt und Du hast es ihm heimgezahlt, damit seid ihr quitt. Im Übrigen sollten wir jetzt auch aufbrechen, ich habe noch einiges zu tun. Wir treffen uns drüben am Sporting, kurz vor zehn.«

～

Das Zwei-zu-Null im Sinn erscheint Paulette leichten Fußes in einem superlangen weißen T-Shirt mit dem knallroten Aufdruck WHO THE FUCK IS PRADA?, das sie im Schaufenster einer Boutique an der Promenade entdeckt hatte. Agnès im olivgrünen Cocktailkleid kann nur mühsam ihr Schmunzeln unterdrücken.

Die beiden ziehen ihre Pumps aus und stapfen in der weichen Wärme des Sands zum Meer. Im Dämmerlicht erkennt

Paulette drei Reihen Klappstühle, die einige Meter vom Ufer entfernt im flachen Wasser stehen. Die meisten sind besetzt. Agnès nimmt ihre Hand und zieht sie ins Wasser, wo sie sich auf zwei freie Stühle setzen. Das Meer ist spiegelglatt und angenehm kühl. Von irgendwo her ertönt ein Gong.

»Es geht los.« Agnès zeigt nach rechts. »Da kommt Tadeusz!«

Nun im dunklen *Cutaway*, nähert sich Tadeusz der Sitzgruppe, dreht kurz davor ab und watet 20 Meter weit ins Meer hinaus. Dort erklimmt er ein Podest, das ihn einen Meter hoch über die Wasseroberfläche erhebt. Die Sitzenden applaudieren, als er sich tief vor ihnen verbeugt.

»Spielt er einen Wasserclown?«

»Psst!«

Tadeusz breitet die Arme aus und verharrt für Sekunden regungslos wie der Gekreuzigte. Dann beginnt er sie langsam zu bewegen, als ob er die Streicher eines Orchesters dirigiert. Mit einem Mal meint Paulette einen Lufthauch auf ihrem Gesicht zu spüren. Sie dreht sich zu Agnès, deren Blick auf Tadeusz gerichtet ist. Der bewegt die Arme nun etwas geschwinder, als wolle er die Holzbläser ins Spiel bringen. Ein leiser Meerwind zauselt an Paulettes Haaren. Mit hochgerecktem rechtem Arm möchte Tadeusz offenbar das Blech anstacheln. Nun plätschern erste flache Wellen auf die Sitzenden zu.

»Das gibt's doch nicht!«

Agnès legt den Zeigefinger auf ihre Lippen. Der Wind frischt auf. Schon tragen die Wellen kleine Schaumkronen. Paulette rafft ihr T-Shirt hoch. Tadeusz gerät in Ekstase. Als er wild fuchtelnd die Pauken anfeuert, schwappt die erste Welle auf Paulettes Sitz und klebt ihr Shirt an ihre Schenkel.

»Uhh!«

Auch die anderen juchzen. Immer höhere Wellen rollen heran und spritzen ihre Gischt in die Gesichter. Das Publikum klatscht wie wild. Paulette wendet sich Agnès zu, deren Haare und Gesichtszüge sich im milchigen Mondlicht zu feinen Rinnsalen verflüssigen, um in die kühlen Wellen überzugehen.

~

»Was findet sie nur an diesem Lackaffen?« Sich ab und zu hinter parkende Autos duckend, folgt Paulette den beiden, die scheinbar ziellos in La Baule umherstreifen, bis sie schließlich in den Eingang eines ungastlichen Hauses treten. Paulette lässt ein paar Minuten verstreichen, bevor sie die Straße überquert, um sich vorsichtig dem Eingang zu nähern. »So ein Mist!« Die Tür ist zu. Seltsamerweise gibt es weder Klingeln nach Namensschilder. Nur ein Zeichen in Form eines *H* hebt sich vom schmutzigen Grau des Betons ab. Paulette schaut sich um, kein Mensch zu sehen. Mit hängenden Schultern macht sie kehrt, um in ihr Hotel zu gehen.

~

»Michel lag in seinem Zelt und wartete auf das Morgengrauen. Gegen Ende der Nacht brach ein heftiges Gewitter aus, überrascht stellte er fest, dass er wenig Angst hatte. Dann beruhigte sich der Himmel wieder, und es begann ruhig und gleichmäßig zu regnen. Die Tropfen schlugen wenige Zentimeter von seinem Gesicht entfernt mit dumpfem Geräusch auf das Zeltdach, aber er war vor ihnen geschützt. Plötzlich hatte er die leise Vorahnung, dass sein ganzes Leben diesem Augenblick gleichen würde. Er würde die menschlichen Regungen nur

durchqueren, manchmal würden sie ihm sehr nahe kommen; andere Menschen würden das Glück oder die Verzweiflung kennen lernen; all das würde ihn niemals wirklich betreffen oder erreichen. Im Lauf des Abends hatte Annabelle mehrmals beim Tanzen zu ihm hingeblickt. Er hätte sich gern gerührt, aber er konnte es nicht; er hatte deutlich das Gefühl gehabt, in eisigem Wasser zu versinken. Dabei war alles außerordentlich ruhig. Er hatte den Eindruck, durch wenige Zentimeter Leere, die gleichsam einen Panzer oder eine Rüstung bildeten, von der übrigen Welt getrennt zu sein.«

Mittwoch

»Galliano hat einfach mehr Stil«, beharrt Yvette, »selbst wenn er ab und zu Pfauenfedern auf seinem Hut trägt!«

Paulette tunkt den Rest ihres Croissants in den Kaffee, als ihr Mobiltelefon summt.

»Eine SMS ... von Agnès! ... Ob ich Lust hätte, mit ihr Schwimmen zu gehen? Sie ist noch eine halbe Stunde zu Hause, in der *rue Marcel Proust.* – Weißt Du, wo die ist?

»Ganz in der Nähe des Meers, nach der Thalassoklinik links runter.«

~

»Hoffentlich wartet sie auf mich!« Als würden sie ihrer Schnelligkeit applaudieren, klatschen Paulettes Flip-Flops auf den Asphalt. Hechelnd biegt sie in die *rue Marcel Proust* und kommt völlig außer Puste vor der Hausnummer 24 zu stehen, einer Fischerhütte, die mit windschiefen weißgekalkten Wänden und einem schiefergedeckten Dach inmitten eines von Birken und Bougainvillea eingerahmten Gärtchens steht. Als sie sich die Schweißperlen von der Stirn wischt, entdeckt sie Agnès, die im Bikini in einen Liegestuhl hingegossen schläft.

Die lachsroten Bougainvilleablätter sacht beiseite schiebend, betritt Paulette das Gärtchen und setzt sich unter einer Schatten spendenden Birke ins Gras, teils, um auszuschnaufen, teils, um Agnès nicht zu stören, deren rechte Hand, so will ihr scheinen, nunmehr behütend auf ihrem Schoß ruht. Wieder zu Atem gekommen, kramt Paulette ihr Mobiltelefon aus der Tasche und knipst die Schlafende mit der eingebauten Kamera. Als sie auf sie zuschleichen

will, um ein besseres Bild zu schießen, wacht Agnès auf.
»Oh … da bist Du ja …«

»Ich habe mich verlaufen, und als ich hier war, warst Du
vom Warten eingeschlafen …«

»… und da wolltest Du mich nicht wecken. Lieb von Dir!
Gib' mir noch eine Minute.« Agnès räkelt sich wehmütig.
»Erst muss ich noch Herédia meine Reverenz erweisen:

Nun fassen meine Finger zitternd jeden Faden,
Und in den zarten Maschen des Gewebs aus Gold
Fang ich, zufried'ner Jäger, meine Träume ein.«

»Was hast Du geträumt?«, will Paulette wissen.

»Sei nicht so naseweis!«

»Wohin gehen wir?«

Agnès streift sich T-Shirt und Shorts über und schlüpft in
Sandaletten. Dann nimmt sie ihre Badesachen und hakt sich
bei Paulette unter. »Komm', ich weiß einen schönen Platz!«

~

Wie an den Vortagen schmilzt das Licht den Sand in zähflüs-
siges Gold. Abseits des Trubels, am Rand einer Düne, rollen
die beiden ihre Badematten aus. Agnès schält sich langsam
aus ihren Kleidern, zupft ihren türkisen Bikini zurecht und
setzt sich, ihre angewinkelten Knie mit beiden Händen um-
armend, nieder. Nachdem sie keine Anstalten macht, ihr
Oberteil abzulegen, behält auch Paulette das ihre an. Sie kor-
rigiert den Sitz ihres schwarzen, deutlich knapperen Bikinis,
um sich rücklings auf ihre Ellenbogen gestützt hinzulegen
und in die Runde zu schauen.

»Wusstest Du, Agnès, dass wir Französinnen unsere Seele
auf der Brustwarze tragen?«

»Wie das?«

»Warum wohl hat Delacroix die Frau, die mit der *Tricolore* das Volk in die Julirevolution führt, *die Freiheit* genannt? Na? Weil die Französin von der Freiheit beseelt ist! Und warum hat er sie wohl barbusig gemalt? So ist es auch hier: *frau* ist so frei …«

»… *frau*? Soziologinnen sollten beobachten können! Wie sieht denn die typische Oben-ohne-Frau aus?« Gelassen setzt Agnès ihre Jackie O auf.

Paulette schnappt ihre Ray Ban und lässt den Blick schweifen. »Also … das sind ganz normale Frauen …«

»Wie alt?«

»Jung … bis mittelalt … keine Kids, keine Omis …«

»Welche Figur haben sie?«

»Schlank, na ja, mehr oder weniger, aber richtig dick ist keine …«

»Wie sehen ihre Busen aus?«

»Schwer zu sagen, die meisten liegen auf dem Bauch … Bei den anderen scheint es weder Übergrößen noch Hängetitten zu geben, und richtig flach ist auch keine … Sehen ziemlich passabel aus … Manche sind recht ansehnlich, nicht zu groß und nicht zu klein, hoch und fest.«

»Ob das Zufall ist?«

»Meinst Du, dass nur Frauen, die dem Schönheitsideal entsprechen, Oben-ohne machen?«

»Ich meine, dass nur solche Frauen Oben-ohne machen *dürfen*. Die Frauen hier am Strand sind alles andere als frei, sondern Kraftfeldern ausgesetzt.«

»Vor allem der Kleiderordnung, oder?«

»Wie wir uns kleiden, ist mehr als ein Brauch. Es wird uns zugemutet, den üblichen Abläufen des Handelns zu folgen. Was Du in einem Café frühstückst, ist den anderen Gästen egal. Aber wenn Du in die Oper gehst, schreibt die Konvention eine bestimmte Kleidung vor. Das bekommst Du zu spüren, wenn Du im Bikini erscheinst. Man wird Dich missbilligend anschauen und hinauskomplimentieren…«

»… aber nicht bestrafen…«

»Dazu musst Du gegen das Recht verstoßen. Das Recht kommt spätestens ins Spiel, wenn die Kleiderordnung den Bereich des Sexuellen berührt. Wenn Du nackt in die Oper gehst…«

»…kommen die Gendarmen und bringen mich wegen Erregung öffentlichen Ärgernisses zur Anzeige, ich weiß«, seufzt Paulette.

»So ergeht es auch den Nudisten an unseren Stränden, wenn sie die FKK-Camps verlassen. Oben-ohne ist noch gar nicht so lange straffrei. Soviel ich weiß, machten die ersten Frauen 1964 in Saint-Tropez *Monokini*. Mittlerweile ist es am Strand von Rechts wegen zwar erlaubt. Aber Konventionen sorgen dafür, dass sich das Sexuelle in Grenzen hält.«

»Welche denn?«

»Zunächst stiftet das Schönheitsideal ein stillschweigendes Einverständnis darüber, wer den Busen enthüllen darf und wer es besser nicht tun sollte. Die Badegäste orientieren sich an dieser Konvention, die den Frauen zumutet, dem üblichen Ablauf des Handelns zu folgen.«

»Nur die ziehen sich aus, die dem Busenideal einigermaßen entsprechen…«

»…und denen, die ihm nicht entsprechen und sich trotzdem ausziehen, schlägt Missbilligung entgegen, in Form von Kopfschütteln, abfälligen Bemerkungen, Gekicher und Blicken…«

»…die *töten* können…« Paulettes Augen verengen sich raubtierkatzenhaft.

»Ausnahmen bestätigen die Regel. Wenn man Damen jenseits der Fünfzig oder Vollschlanke mit blankem Busen sieht, dann garantiert abseits, wo sie den Blicken nicht ausgesetzt sind. Dasselbe gilt für XXL-Größen oder Busen, die einen an das Gesetz der Schwerkraft denken lassen.«

»Wie ist dieses Schönheitsideal entstanden?«

»Durch ein Zusammenspiel körperlicher und gesellschaftlicher Faktoren. Der Mensch hat einen Körper mit aufrechtem Gang. Seine Bewegungen werden von einem körpermotorischen Programm gesteuert, das dieser Oben-Unten-Orientierung entspricht. Diese Orientierung ist fundamental. Sie strukturiert nicht nur die Raumerfahrung, sondern auch das Denken und Fühlen. Das bringen wir mit unserer Sprache unbewusst zum Ausdruck. Darum wimmelt es in ihr von entsprechenden Metaphern: Wir haben Auftrieb oder stecken in einem Tief. Wir sind in Höchstform oder niederträchtig. Wir fühlen uns obenauf oder sind *down*. Wir haben den Gipfel der Macht erreicht oder sind unterlegen. Wir klettern die Karriereleiter rauf oder fallen in eine tiefe Depression...«

»...oben ist immer positiv...«

»Diese Oben-Unten-Orientierung strukturiert auch unser Schönheitsempfinden, zumal wenn es um den Körper geht: Je höher der Busen sitzt, desto schöner erscheint er uns. Je weiter er herabhängt, desto hässlicher finden wir ihn. Das ist jedenfalls die vorherrschende Meinung.«

»Dann ist der am allerschönsten, der hoch sitzt und auch noch nach oben zeigt! Das hat schon fast etwas Phallisches.«

»Erschlaffung führt auch hier zur Verzweiflung.«

»So gesehen bin ich schöner als *die Freiheit*, obwohl die mehr hat.«

»Auf die Größe des Busens kommt es erst in zweiter Linie an. Solange sie sich proportional zu seiner Festigkeit verhält, können Atombusen genauso schön erscheinen wie Apfelsin-

chen. Das jeweilige Ideal bestimmen die Interessen gesellschaftlicher Gruppen. In den 1920er Jahren symbolisierte
die *Garçonne* die Emanzipation der Frau, die im Weltkrieg
ihren Mann gestanden hatte. Sie gab sich männlich, trug
Bubikopf, Anzüge und machte den kleinen, flachen Busen
zum Ideal. Gegenemanzipatorische Interessen, die die Frau
am liebsten in der Familie sehen, idealisieren den großen,
mütterlichen Busen, so dass Hollywood in den 1950er Jahren seine Stars mit offenherzigen Dekolletés zeigte.«

»Als Schaubusenbesitzerinnen!«, scherzt Paulette.

»Ob groß oder klein, der Busen will in Form gehalten werden: mit Wechselduschen, Cremes, Gymnastik, BHs oder Si-
likon. Die Erwartungen sind im wortwörtlichen Sinne *hoch*.
Und es sind nicht die einzigen in Sachen Oben-ohne.«

»Welche Konventionen gibt es noch?«

»Schau' Dich noch einmal um! Wie handelt die typische
Oben-ohne-Frau?«

Paulette scannt noch einmal die Gegend: »Sagte ich doch
schon: Die meisten liegen flach auf dem Rücken…oder
Bauch, manche stützen sich auf ihre Ellbogen…«

»Wie viele sitzen aufrecht?«

»Nur ein paar…um sich einzucremen…«

»Und wie viele stehen herum?«

»…keine…aber da gehen zwei zum Wasser…«

»*Wie* gehen sie?«

»Keine Ahnung.«

»Soziologinnen sollten beobachten können! Schließlich
führen wir hier eine Beobachtung durch! Die Soziologie ist
eine empirische…«

»Empirische?«

»…eine Erfahrungswissenschaft, die ihre Daten mit den
Methoden der Beobachtung und Befragung erhebt. Also
streng' Dich an! Trödeln diese Frauen? Beeilen sie sich?«

»Weder noch … sie gehen … zielstrebig …«

»Und was schließen wir daraus?«

»Dass sie nicht auffallen wollen?«

»Wer sich aufrecht hinsetzt, herumsteht oder trödelt, gerät in Verdacht, sich zur Schau stellen zu wollen. Das wäre exhibitionistisch. Wer sich beeilt, läuft Gefahr, dass sein Busen wackelt. Das wäre erotisch oder pornographisch, wie man's nimmt. Die Formel der Konvention ist einfach: Je fester der Busen ist, desto aufrechter darf die Haltung und desto schneller die Bewegung sein, beides aber stets zielgebunden: um sich einzucremen, schwimmen zu gehen, abzutrocknen oder ein Eis zu holen, bevor man sich wieder in die Unbeweglichkeit des Liegens zurückzieht. Dieser übliche Ablauf des Handelns entsexualisiert das Oben-ohne. Das ist wie beim Striptease …«

»Aber da kommt es doch gerade auf die Bewegung an! Wozu tanzen die Stripperinnen denn sonst um ihre Stangen herum?«

»Das ist der Widerspruch des Striptease. Der Tanz soll die Stripperin möglichst sexy aussehen lassen. Doch während sie ihre Hüllen fallen lässt, verhüllt er sie wieder. In dem Maße, in dem sie sich auszieht, zieht sie sich einen Schleier aus hundertmal gesehenen Bewegungen über, der umso dichter erscheint, je professioneller sie die Technik des Tanzes beherrscht. Deshalb sind sich die Sexperten in *What's New Pussycat?* darüber einig, dass so ein Striptease nicht sexy sei. Der übliche Ablauf des Handelns entsexualisiert den Strip ebenso wie das Oben-ohne, nur dass es dort die Bewegung ist, die verschleiert, und hier die Bewegungslosigkeit.«

»Gaffer gibt es hier aber auch!«

»Es gibt die typischen Spanner. Darum suchen sich Frauen, die Oben-ohne machen wollen, Plätze aus, die möglichst entfernt sind von Gruppen von Jugendlichen, denen das

Testosteron aus den Ohren quillt, und einzelnen älteren Männern, die sofort als Lustgreise unter Verdacht gestellt werden.«

»Die Frauen liegen eher beieinander, in Ufernähe…«

»…damit sie es nicht so weit zum Wasser haben und nicht so vielen Blicken ausgesetzt sind. Die Blicke folgen ihrerseits einer Konvention, um die Entsexualisierung komplett zu machen. Spannen und Gaffen ist verboten. Der Blick darf nicht hängen bleiben und den Busen länger als zwei Sekunden fixieren. Er sollte darüber hinweggleiten, so als ob er etwas anderes sehen würde. Der übliche Strandblick ist distanziert und uninteressiert – es sei denn, er registriert einen Verstoß gegen das Schönheitsideal.«

»Dann bleibt er hängen und wird missbilligend.«

»Dasselbe kann bei einem besonders schönen Busen passieren…«

»…klar, da bleiben die Blicke auch hängen, aber bewundernd!«

»Worauf wartest Du also, meine kleine *Freiheit*…«

»Wie kann ich frei sein, wenn ich sogar hier am Strand pausenlos Kraftfeldern folgen muss? Bin ich nur eine Marionette der Gesellschaft?«

»Ja, eine süße kleine Marionette, die jetzt besser Siesta halten sollte…« Mit einem entwaffnenden Lächeln dreht sich Agnès auf den Bauch und ist ein Blinzeln später auch schon woanders, wohin ihr Paulette folgt, nachdem sie alle wolkenweißen Schäfchen am Himmel gezählt hat.

～

Am späten Nachmittag kehren Paulette und Agnès erhitzt zur Fischerhütte zurück. Wie ein siamesischer Zwilling folgt Paulette ihrer Freundin durch die niedrige Tür. Im Inneren weiten sich ihre Pupillen im Dämmerschatten der staubigen Lichtfäden, die durch die geschlossenen Fensterläden dringen. Ein Holztisch und vier Stühle möblieren das Wohnzimmer. An den Wänden beugen sich Bücherregale unter der Lust einer wilden Sammelleidenschaft.

Nach Art der Blinden tastet Paulette über die Buchrücken. »Hast Du Lieblingsbücher?«

Agnès schüttelt den Kopf und verschwindet im Bad.

Paulette stöbert weiter. »*The Origins of Freemasonry … Freimaurerei und Politik im Zeitalter der Französischen Revolution … La Franc-Maçonnerie et la Révolution intellectuelle du XVIIe siècle …* Daher weiß sie soviel über Geheimgesellschaften … Aber da, eine alte Bekannte! *Das Mädchen mit den Goldaugen …*«

Sie schlendert durch den Raum und wirft einen Blick in das angrenzende Schlafzimmer. Was hinter dem zerwühlten Bett auf einer Messingstange hängt, lässt ihre Augen übergehen. »He, *das* ist aber nicht von der Stange!«

Flugs entblättert sie sich, um ein ärmelloses rosafarbenes Chiffon-Kleid zu angeln. Sie streift es über und tritt vor den Spiegel neben dem Bett. Jetzt erst bemerkt sie die unregelmäßige Naht, die wie eine Narbe über die Vorderseite verläuft. »Das ist *kein* Fummel!« Sich in den Hüften wiegend, beginnt sie zu summen:

> »*Deux yeux qui font baisser les miens*
> *Un rire qui se perd sur sa bouche*
> *Voilà le portrait sans retouche …* «

Andererseits ist rosa nicht ihre Farbe. Ihr nächster Griff gilt einem weißen Seidenkleid mit langen Ärmeln, das knapp über den Knien endet und nur durch zwei parallel laufende Nähte strukturiert wird. Sie zieht den Chiffon aus, die Seide über und weidet sich einen Augenblick an ihrem Spiegelbild.

Edel, aber auch fad! Was ist *das*? Ein Mini-Kleid, zusammengesetzt aus bunten Lederdreiecken! Eine Zeitmaschine in die Sixties! »Das ist *hip* ...« Aber *hop* hat sie es schon wieder ausgezogen. Denn da hängen noch ein längsgestreiftes Kaftan-Kleid aus Organza, ein roter Stretch-Mini-Jupe, ein hingehauchtes hellblaues Etwas mit Spaghetti-Trägern, ein geblümtes wadenlanges Cocktail-Kleid und ein schnurgerade geschnittenes knielanges Hänge-Kleid aus Jersey, dessen Teile farblich so zusammengesetzt sind, dass sie den abstrakten Bildern eines Malers gleichen, dessen Name ihr *partout* nicht einfallen will.

»Mondrian.« In ein Badetuch gewickelt lehnt Agnès im Türrahmen. »Piet Mondrian. Das Kleid hat Yves Saint Laurent entworfen.«

»Ich schlüpf' trotzdem mal rein.« Eh voilà: »Perfekt!«

»Ein Kunstwerk ... Es ist so geschneidert, dass es sich den Rundungen des Körpers anpasst und dennoch vollkommen flach wie ein Ölgemälde wirkt.«

Mit einem Ruck wirft Agnès ihr Badetuch aufs Bett, um mit einer geschmeidigen Drehung ein T-Shirt aus dem Schränkchen neben der Tür zu holen. Wie gebannt folgen Paulettes Augen ihren kleinen, nach oben gereckten Brüsten, die auf den sanft geschwungenen Rippenbögen zu schweben scheinen.

»Willst Du nicht duschen?«

Paulette schluckt leer, schlüpft aus dem Mondrian und geht ins Bad. Als sie Minuten später mit tropfnassem Haar und einer Gänsehaut wieder im Schlafzimmer erscheint, sitzt Agnès am Schminktisch. »Du kannst Dir auch ein T-Shirt nehmen ... und mach' hier keinen Wind! Paul hat angerufen. Er kommt später, weil er noch Walter ausführt.«

»Wer ist Paul und wie kann man seinen Hund Walter nennen?« Paulette streift sich ein weißes Shirt über.

»Paul ist ein Freund und Walter eine Schildkröte – benannt nach Walter Benjamin, dem großen Theoretiker des Flanierens. Paul trainiert mit ihr für die *flânerie*, die nächste Woche in den Passagen stattfindet. Eine Schildkröte gibt das rechte Tempo vor, das man beim Spazieren, Promenieren, Schlendern und Bummeln braucht, diesem *adagio* des Müßiggangs, der sich so wohltuend von der geschäftigen Umtriebigkeit der Gesellschaft unterscheidet ...«

»... in der es gilt, *die Zeit zu erjagen, sie zusammenzudrängen, in Tag und Nacht mehr als vierundzwanzig Stunden zu finden, sich zu zermürben und zu entnerven ...«*

»... der gute Balzac«, seufzt Agnès, »er selbst hatte am allerwenigsten Zeit.«

»Aber Du hast doch jetzt etwas mehr Zeit, oder?«

Agnès lächelt einladend. »Komm', machen wir uns schön! Dann kannst Du Dich heute Abend ins Nachtleben stürzen. Ich leih' Dir den Mondrian, wenn Du möchtest.« Sie rückt an das rechte Ende der ledernen Sitzbank, bindet sich mit einem Seidentuch die Haare aus dem Gesicht und reicht ihrer Nachbarin einen Haarreif aus Schildpatt, den die sich überklemmt.

»Sag' Agnès, wie kommst Du zu dieser Garderobe?«

»Mode hat mich schon immer interessiert.« Sie nimmt einen bauchigen Tiegel, entfernt den Deckel und sahnt mit dem rechten Mittelfinger etwas Creme ab, um sie im Zeitlupentempo in ihr Gesicht einzumassieren.

»*Mich* interessiert, was eine Soziologin wie Du über Mode weiß.«

»Dass es dabei nicht nur um Kleidung geht. Mode *als Mode* ist zunächst nur ein Brauch, ein Kraftfeld, dem man gefühlsmäßig folgt, weil es neu ist.« Agnès gibt Paulette den Tiegel.

Die tupft sich einen Klecks Creme auf die Nasenspitze.

»Und was ist Mode noch?«

»Ein Mittel der Differenzierung. Wer mit der Mode geht, unterscheidet sich von denen, die es nicht tun, und gesellt sich zu den Trendsettern.« Mit zartem Druck und einer sanften Drehung des Handgelenks tupft sich Agnès mit einem Schwämmchen aus feinporigem Latex eine abricotfarbene Grundierung auf ihren Teint, wobei sie sich langsam von der Gesichtsmitte nach außen vorarbeitet. »Das entspricht zwei Grundbedürfnissen, die wir alle haben. Mal will man etwas Besonderes sein, mal will man so sein wie die anderen. Mal will man sich abgrenzen, mal anpassen. Die Mode eignet sich prima, um beide Bedürfnisse unter *einen* Hut zu bringen. Jedes Neue schafft eine Differenz, die ins Auge springt…«

»…Abricot, schick!«

Mit einem Kosmetiktuch entfernt Agnès einen Rest der Grundierung von ihren Augenbrauen, um danach mit einem Korrekturstift ihre Lachfältchen zu überspielen und einen Anflug von Augenringen zu kaschieren.

»War wohl spät gestern…«

»*Den* brauchst Du noch nicht.« Ohne auf Paulettes Stichelei einzugehen, legt Agnès den Korrekturstift zurück und greift zum Puderdöschen. Nachdem sie es aufgeklappt und in seinem integrierten Spiegelchen die Ebenheit ihrer Haut geprüft hat, nimmt sie mit einem Pinsel etwas von dem hellbeigen Puder auf. Sacht klopft sie dessen Quaste an ihrer linken Hand ab, bevor sie sich über Kinn, Nase und Stirn pinselt: »Wie jeder Brauch hat die Mode an sich nichts Verbindliches. Niemand verlangt, dass man sie mitmacht. Es sei denn, es sind ständische Prestigeinteressen im Spiel.«

»Wie das, wo Marx gesagt hat, dass der Kapitalismus alles Ständische verdampft?«

»Aber die Kapitalisten selbst ahmten den Adel nach! *All*

diese Geschäftsleute […] raffen Geld zusammen und häufen es auf, um sich mit der Aristokratie zu verbinden. Zielt der Ehrgeiz des Proletariers darauf ab, Kleinbürger zu werden, so sind hier die gleichen Leidenschaften rege, schreibt Balzac. Damit ist auch schon gesagt, warum sich die *Haute Bourgeoisie* in der Julimonarchie als Stand konstituierte. Sie wollte sich nicht nur wirtschaftlich, sondern auch gesellschaftlich unterscheiden. Das Bürgertum war ja keine einheitliche Klasse, wie Marx suggerierte. Das Eigentum war ungleich verteilt. Die *Haute Bourgeoisie* hatte bessere Lebenschancen als die Mittelschicht und die Kleinbürger, die natürlich auch Louis Philippes *Enrichissez vous!* folgten, zumal ihnen die Proletarier auf den Fersen waren. Das schrie geradezu nach Differenzierung.« Agnès legt den Pinsel zurück und reicht Paulette ein anderes Puderdöschen. »Versuch's mal damit!«

Paulette nimmt einen zweiten Pinsel und malt sich mit raschen Bewegungen den mit Glitzerpigmenten angereicherten Puder ins Gesicht, der es in ein irisierendes Eisblau taucht. »Was ist überhaupt ein Stand?«

»Eine soziale Einheit mit gemeinschaftlichem Charakter. Man fühlt sich zusammengehörig, weil man sich aufgrund irgendeiner Gemeinsamkeit besonders schätzt. Diese Gemeinsamkeit stiftet eine Achtungswürdigkeit, auch Prestige oder Ehre genannt.«

»Jetzt kommen also Gefühle ins Spiel, die in den Geheimgesellschaften noch keine Rolle spielten.«

»Damals war die bürgerliche Gesellschaft Teil des Dritten Standes, der eigentlich kein Stand war, sondern eine Residualkategorie für alles, was nicht ständisch organisiert war. Die Stände, das waren der Adel und Klerus, die es aus wirtschaftlichem Interesse in einem Streich mit dem absolutistischen Staat abzuschaffen galt. In der Julimonarchie war die Verfolgerin zur Verfolgten geworden, die sich den Adel zum Vorbild nahm und seinen Lebensstil nachahmte – wo sie schon im Besitz seiner Güter war.«

»Wie kann man sich ein Auslaufmodell zum Vorbild nehmen?«

»Aus Eitelkeit! Die Adligen waren von alters her prominent. Aus angesehenen Geschlechtern stammend, verstanden sie es, auf ihren Schlössern zu leben. *Savoir vivre!* Diese Prominenz verloren sie nicht, als sie im Mittelalter Vasallen wurden. Im Gegenteil redeten sie dem König lange in die Regierungsgeschäfte hinein und sicherten sich Privilegien. Über ihnen der König, unter ihnen das Volk, hatten sie die gleiche Position. Diese Gemeinsamkeit stiftete ihre Ehre, die ja eine Doppelfunktion hat, nämlich eine soziale Einheit nach innen zusammen- und nach außen abzuschließen. Sie ist wie ein Bilderrahmen.«

Agnès deutet mit dem Kinn in Richtung Wand. Dort hängt eine Comic-Zeichnung von Gaston Lagaffe, der im Wald ein Nickerchen macht, während in den Bäumen um ihn herum drei schlafende Faultiere baumeln.

»Oh, Gaston!«

»Achte auf den Rahmen! Er hat dieselbe Doppelfunktion. Nach innen bringt er das Bild als Einheit, als etwas in sich Zusammengehöriges zur Geltung. Nach außen schottet er es von der Umgebung ab. Genauso ist es bei der Ehre. Das sieht man daran, dass sie sich in einem verbindlichen Lebensstil zum Ausdruck bringt.«

»Also kommt ein stärkeres Kraftfeld ins Spiel«, kombiniert Paulette, »das vermutlich aus Konventionen besteht, weil der Adel eine Einheit mittlerer Größe ist.«

»Du bist ein schlaues Mädchen…« Agnès lächelt stolz und setzt nach kurzem Seitenblick in den Spiegel in Gedanken hinzu: »…und schön wie ein junge Nymphe…«

»Das ist kein Kunststück, bei *dieser* Lehrerin!«

»Wir sind – wie sagt man? – ein *seltsames Paar*.«

»*So* seltsam nun auch wieder nicht …«

»Jedenfalls muteten es sich die Adligen gegenseitig zu, bestimmten Abläufen des Handelns zu folgen, weil es in ihrem Prestigeinteresse lag. Dem König gegenüber mussten sie als einheitlicher Block auftreten, um ihre Macht und ihre Privilegien zu sichern; dem Volk gegenüber, um ihre Exklusivität zu behaupten. Darum konventionalisierten sie manche ihrer Sitten.«

»Zum Beispiel …«

»… waren ihre Umgangsformen Ehrensache, bis hin zum Duell.« Agnès zückt den Mascara wie einen Säbel, setzt das Bürstchen in der Mitte der linken oberen Wimper an, ruckelt leicht, bis es greift, und lässt es dann vorsichtig vom Rand zu den Spitzen gleiten. »Wer ihnen nicht entsprach, mit dem verkehrte man nicht.« Agnès tuscht nun auch ihre linke obere Wimper.

»Welche Konventionen waren noch *noblement*?«

»Man erwartete standesgemäße Kleidung. Allerdings waren die Adligen, die so stolz auf ihre Stammbäume waren, konservativ bis auf die Knochen. Wenn man schon oben ist, kann man bei jeder Veränderung leichter etwas verlieren als gewinnen …«

Paulette hantiert nun ebenfalls mit dem Mascara herum und klimpert ihrem Spiegelbild einen Titelseitenblick zu.

»… was erklärt, dass sie an Mode nur interessiert waren, um sich untereinander hervorzutun, vor allem in nationaler Hinsicht, von Hof zu Hof. Da war man schon auf Distinktion bedacht. Aber das waren nur Variationen ein und desselben *comme il faut*.«

Agnès beginnt, ihre Oberlider zu schattieren, wobei sie das malvenfarbige Mousse sacht mit dem Finger über den Lidfalten verwischt. »Ein echtes Interesse an der Mode hatte erst die *Haute Bourgeoisie*, die sich teilweise mit dem *Gratin*: den Überbleibseln des Adels, die in der Restauration aus dem Exil zurückgekehrt waren, verheiratete. Das zielte auf eine ständische Entwicklung, um sich als Geldadel...«

»...ja, denn ihre Kohle war die Gemeinsamkeit, die ihre Ehre stiftete...«

»...vom restlichen Bürgertum abzugrenzen. Dafür setzte sie auch die Mode ein. Denn so wie sie selbst den adligen Lebensstil nachahmte, ahmten die Elementarteilchen der Mittelschicht – die kleineren Industriellen, Kaufleute, Börsianer, Anwälte, Ärzte, Richter – ihren Lebensstil nach, so dass sie permanent mit neuen Symbolen aufwarten musste, um sich nach innen zusammen- und nach außen abschließen zu können. – Was möchtest Du: Gewitterblau oder Indigo?«

Ohne zu zögern greift Paulette zum Gewitterblau, das einen samtigen Velvet-Effekt auf ihre Lider zaubert. »Die Mode ist also auch wie ein Bilderrahmen...«

»...mit derselben Doppelfunktion wie die Ehre. Mit der Mode zu gehen sollte für die *Haute Bourgeoisie* zur Konvention werden. Es ist kein Zufall, dass Mitte des 19. Jahrhunderts in Paris die *Haute Couture* erfunden wurde, ironischerweise von einem Engländer, was aber ohne Belang ist. Paris war die Hauptstadt des 19. Jahrhunderts, das Laboratorium der Moderne. Charles Frederick Worth fertigte die Kleidung nicht mehr nach individuellen Wünschen an, sondern entwarf Kollektionen. Die führte er in Modeschauen den Damen des *Gratin* und der *Haute Bourgeoisie* vor, die nur noch die Stoffe auswählen mussten.«

Eisigen Blicks rötet Paulette ihre Wangen mit einem fruchtigen Litschi-Rosé. »*Haute Couture* für die *Haute Bourgeoisie*...«

»...die ahnen musste, dass die Mode eine Dynamik in Gang setzte, die nicht mehr zu bremsen war.«

»Weil das Neue wieder nachgeahmt wurde und durch neues Neues ersetzt werden musste, nicht wahr?«

»Die Mittelschicht ahmte die *Haute Bourgeoisie* nach, um sich vom Kleinbürgertum abzugrenzen, das die Mittelschicht nachahmte, um sich vom Proletariat abzugrenzen. Dieses Distinktionsgerangel war freilich nur Ausdruck der gesellschaftlichen Entwicklung, die zur Marginalisierung der *Haute Bourgeoisie* und zur Herrschaft der Mittelschicht führte.«

Ein Puderpinsel schwingt energisch durch die Luft. Agnès nimmt etwas Rouge auf und umschmeichelt ihre Wangen mit einem zarten Abricot.

»Wie entwickelte sich die Gesellschaft?«

»Die Konkurrenz auf dem freien Markt spielte der Mittelschicht in die Hände, die mit Trusts und Aktiengesellschaften die Familienunternehmen der *Haute Bourgeoisie* verdrängten, nicht zuletzt, weil sie in die Produktion von Konsumgütern für die Massen investierten. Mit der Industrialisierung waren Millionen in die Städte gezogen, die sich dort nicht selbst versorgen konnten, sondern auf den Kauf von Lebensmitteln, Kleidung, Möbeln und Haushaltswaren angewiesen waren. In der Julimonarchie waren diese Güter knapp und Hungersnöte an der Tagesordnung. 1848 kam die *Haute Bourgeoisie* noch einmal mit einem blauen Auge davon, aber schon Napoléon III. musste den Arbeiterbewegungen Zugeständnisse machen, so dass die Löhne stiegen. Nach dem Ende seines Kaiserreichs 1871 setzte sich die Demokratie durch. Der Siegeszug der Mittelschicht begann. Die staatliche Sozialpolitik sorgte für einen Anstieg der Kaufkraft, gleichzeitig rationalisierte die Mittelschicht die Produktion der Konsumgüter, so dass sie massenhaft gleichförmige Waren produzieren konnte, was zu Preissenkungen führte. Die Folge war eine Demokratisierung des Zugangs zu Konsumgütern und schließlich die Überwindung der Güterknappheit. Im 20. Jahrhundert konnten immer mehr aus dem Volk auch materielle Güter konsumieren, die nicht der unmittelbaren Subsistenz dienten.«

»... zum Beispiel schicke Klamotten ...«

Agnès malt mit einem Lipliner ein Kreuzchen in ihr Lippenherz, um von dort die Konturen ihres Schmollmunds bis zu seinen Winkeln nachzuzeichnen, als sich ihr Blick im Spiegel mit dem Paulettes trifft. »Schau mal her, *den* machen wir größer!« Während sie Paulettes Kinn mit der Linken fixiert, zieht sie mit der Rechten eine haaresbreite Linie neben den Kanten ihrer schmalen Lippen. Danach verteilt sie mit einem Pinselchen das Rosenholz zur Mitte hin. »Such' Dir einen Lipgloss aus!«

Paulette zieht die Kappen von den Stiften und malt Probestriche auf den Rücken ihrer linken Hand. »Magenta ...«

»Wen wundert's, dass das *Prêt-à-porter* eine amerikanische Erfindung ist? Die Mittelschicht hierzulande leistete sich dieses *Ready-to-wear*, um sich vom Kleinbürgertum abzugrenzen. Sie blieb aber nicht lange eingequetscht zwischen Groß- und Kleinbürgertum.«

»Ist der kussfest?« Paulette presst die Lippen aufeinander, während Agnès die ihren mit einem malvenfarben Stick liebkost.

»Hast Du vor, jemanden zu küssen?« Agnès entfernt ihr Seidentuch und streicht sich durchs Haar.

»Du vielleicht?«

Agnès gibt ihr einen Stupser mit dem Ellenbogen. »Die zweite Hälfte des 20. Jahrhunderts marginalisierte die *Haute Bourgeoisie* vollends und mit ihr die *Haute Couture*. Saint Laurent erkannte die Zeichen der Zeit und setzte auf *Prêt-à-porter*. 1966 eröffnete er seine erste *Rive Gauche Boutique*, während Balenciaga sein Atelier schloss, weil er wusste, dass

der Stand, der *Haute Couture* trägt, am Aussterben war und
er nicht für die Masse schneidern wollte. – So, jetzt noch das
Parfum!« Agnès nimmt ein Flakon, in dem der Rest eines
grünen Safts schwappt, um sich damit hinter die Ohren und
ins Haar zu sprühen.

»*Eau libre* …«, entziffert Paulette. »… nie gehört …«

»*Tout ce qui est à toi est à moi* … das erste Unisexpar-
fum …«

»Lass’ mich mal …« Paulette berührt mit ihrer Nasenspitze die feinen Härchen an Agnès’ Schläfe. Sie inhaliert
ein lichtes Grün, das in alchemistischer Reaktion mit dem
Gewitterblau ihrer sich senkenden Lider ein schwindelerre-
gendes Wolkengefühl erzeugt.

»Als Massenprodukt verliert Mode zusehends die Funktion, gesellschaftliche Unterschiede herauszustellen. Dafür
gibt sie den Konsumenten das Gefühl, bei etwas mitzuma-
chen, das die grundsätzliche Gleichheit aller Massenmitglie-
der bestätigt – und die besteht nicht zuletzt darin, sich in der
Geste, mit dem Alten zu brechen, als autonome Individuen
darzustellen.«

Plötzlich steht Agnès auf. »Jetzt wird’s aber Zeit!« Sie
schlüpft aus ihrem T-Shirt in das ärmellose rosafarbene
Chiffon-Kleid, das sich wie die Unterrockstimme der Piaf
an ihren Körper schmiegt.

»Du siehst bezaubernd aus«, schwärmt Paulette. »*La vie
en rose* … Schade, dass wir nicht zusammen ausgehen können …«

Agnès legt ihr die Hand auf die Schulter. »Dir wird schon
nicht langweilig. Die Promenade entlang gibt es die ange-
sagtesten Bars und Diskotheken, in der ein *eye catcher* wie
Du im Handumdrehen Anschluss findet. Möchtest Du nun
den Mondrian?«

Paulette schüttelt den Kopf.

»Schmoll nicht! Wenn Du möchtest, treffen wir uns morgen Abend zum Essen im *Cigale*. Das ist das Restaurant mit den großen gelben Sonnenschirmen. Abgemacht?«

~

»Das also ist Paul, sieht wie ein *latin lover* aus: *Paolo*«, raunt Paulette kehlig. Durch die Scheiben eines Renaults erspäht sie, wie Agnès und Paul untergehakt im Schildkrötentempo in Richtung Stadt schlendern. Sie folgt ihnen in sicherem Abstand. Nachdem die beiden ein Eis gelutscht und vor einer Piano-Bar einen *Coupe de Champagne* getrunken haben, durchqueren sie einen Park, in dem es betörend nach Lavendel riecht, und biegen in die Straße ein, in der das ungastliche Haus steht. Die Straße ist menschenleer. Paulette schleicht im Schatten der anderen Straßenseite hinterher, gespannt darauf, ob Agnès und Paul ebenfalls in dieses Haus gehen. Ihr Herz klopft bis zum Hals. Tatsächlich, als hätte sie das Haus verschluckt, sind die beiden plötzlich verschwunden. Einen Katzensprung später rüttelt Paulette am Knauf der verschlossenen Tür.

~

»Wo stand das noch mit den Latinos?« Paulette blättert herum. »Ah!« Sie wirft sich aufs Bett und liest: »*Ich habe die Feministinnen nie ausstehen können ... Diese Zicken haben die ganze Zeit nur über das Geschirrspülen und die Arbeitsaufteilung geredet; sie waren buchstäblich besessen vom Spülen. Manchmal haben sie auch ein paar Worte über das Kochen und das Staubsaugen verloren; aber ihr Hauptthema war immer das Spülen. In wenigen Jahren haben sie es geschafft, die Typen aus ihrem Umkreis in griesgrämige, impotente Neu-*

rotiker zu verwandeln. Von diesem Augenblick an – und das war absolut systematisch – haben sie angefangen, der Männlichkeit nachzutrauern. Im Endeffekt sah das dann so aus, dass sie ihre Typen in den Wind schickten, um sich von beknackten Latino-Machos vögeln zu lassen. Ich habe mich immer darüber gewundert, wieso die intellektuellen Emanzen so eine Vorliebe für zwielichtige Existenzen, Brutalos und Schwachköpfe haben.« Paulette lässt das Buch sinken. Sie nimmt ihr Mobiltelefon, um das Foto von Agnès auf dem Display zu betrachten, das in ihren sich befeuchtenden Augen immer mehr verschwimmt.

Donnerstag

Keine Lust zum Surfen, schlendert Paulette am morgendlichen Meer entlang, auf dem die letzten Fischerboote vom Nachtfang heimkehren. Im Salzwind segelt eine Mövenschar, um sich urplötzlich mit lautem Geschrei auf den Touristenmüll herabzustürzen, den die beiden städtischen Arbeiter, die Paulette aus ihren sonnenverbrannten Gesichtern heraus anlächeln, übersehen haben. Die Brandung schäumt, in der Gischt rasseln unzählige leere Muscheln.

Als die ersten Touristen ihre Landnahme beginnen, breitet Paulette ihre Bademutte in der Nähe des Ufers aus. Beim Eincremen spreizen sich ihre Nasenflügel, als wollten sie auf dieser Brise aus Bergamotte davonsegeln. »Mmm, *so* riecht der Sommer…« Die wärmer werdenden Sonnenstrahlen auf ihrer Haut, legt sie sich auf den Rücken, schließt die Augen und überlässt sich der Trägheit des Strands.

Plötzlich schreckt sie hoch. Ihr Bein schmerzt. Neben ihr kullert ein Ball. Ein Mädchen löst sich aus einer Gruppe Teenies und kommt auf sie zu gerannt. »Entschuldige, das war keine Absicht! Wir spielen Volleyball…«

Paulette reibt sich das Bein. »Halb so schlimm.«

Das Mädchen, das mit ihrem karamellfarbenen Teint und ihren Dreadlocks einem Bacardi-Werbespot entsprungen sein könnte, lächelt erleichtert. »Ich bin Aurélie. Hast Du Lust mit uns zu spielen?«

Kaum dass die beiden die Gruppe erreicht haben, fliegt auch schon der Ball hin und her. Der Körpereinsatz beim Schmettern und Baggern wird lautstark quittiert. Ein Junge gibt sich besonders Mühe, eine gute Figur zu machen. Wenn er Paulette nicht gerade den Ball zuspielt, wirft er ihr Blicke aus den Augenwinkeln heraus zu.

Nachdem die Lust am Spiel vergangen ist, kommt er auf sie zu, wiegenden Schritts, was sie unwillkürlich auf seinen grellgelben Tanga starren lässt.

»Hi! Ich bin Serge und Du bist …«

»Paulette.«

»Du spielst gut.«

»Ach was! Aber *Du* spielst gut.«

Serge schmunzelt und wischt sich den Sand ab, der seinen Körper stellenweise paniert hat. »Bist Du schon länger hier?«

»Seit Samstag.«

»Bei mir ist es die zweite Woche, es ist okay.« Er blinzelt an Paulette vorbei in die Sonne. Dann lässt er den Volleyball auf einem Finger kreisen und schaut ihm wie hypnotisiert zu. Paulette wieder zugewandt, will er wissen: »Wie lange bleibst Du?«

»Bis Samstag.«

»Schade.«

»Finde ich auch, immerhin habe ich Fortschritte im Surfen gemacht.«

»Ich kann's Dir zeigen.«

»Ich habe schon eine Lehrerin.«

»Doch nicht Madame?«

»Madame?«

»Na die vom Bootsverleih. Man nennt sie hier nur Madame. Für ihr Alter ist sie noch super in Form. Aber *Du* … Du bist *richtig* süß …«

Paulette weicht seinem Grinsen aus, als Aurélie angerannt kommt. »Wir gehen Eis essen!«

Serge setzt einen Fragezeichenblick auf.

»Ich habe ein *date*,« antwortet Paulette.

»Okay, dann aber morgen …«

»Vielleicht …«

Nachmittags macht Paulette auf dem Weg zurück ins Hotel einen Umweg durch die *rue des Gaules*, in der das ungastliche Haus steht. Im Tageslicht macht es einen noch abweisenderen Eindruck, so schmutzig ist sein Anstrich, so dicht sind seine Fensterläden. Sie geht die Straße hinunter bis zur Ecke, an der ein Kiosk mit einem großen blechernen *Gitanes Maïs*-Schild den libertären Charme der Sechziger verströmt.

»Womit kann ich dienen, meine Kleine?« Das verwelkte Gesicht der Inhaberin stützt sich auf ihr Doppelkinn. An ihrer Unterlippe klebt der gelbe Glimmstengel, für den das blaue Schild mit der Zigeunerin wirbt. Aus dem Innern des Kiosks dringt Musik.

»Wer ist das?«

»Gainsbourg... Serge, ich kannte ihn...« Ihr Blick verklärt sich für einen Moment. »Er war wie Mickey Mouse: große Ohren, langer... Sie wissen schon...« Die Inhaberin singt mit der Musik: *»N'écoute pas les idoles...«*

»Klingt hübsch...«

»Damals haben sie mich mit der Birkin verwechselt, na ja, diese Zeiten sind vorbei. Die Philosophie, was hat sie mir gebracht? *Der absurde Mensch sagt Ja, und seine Mühsal hat kein Ende mehr.*«

»Ich nehme den *Express*... Sagen Sie, das schäbige Haus da vorne, wer wohnt darin?«

»Das wüsste ich auch gerne. Niemand im Viertel weiß es. Aber die Leute reden...«

»Was reden sie?«

Die Inhaberin beugt sich verschwörerisch vor. »Es wird einiges gemunkelt... Manche sehen Satanisten am Werk. *Ich* vermute, dass es einer von diesen neumodischen Swingerclubs ist. Sie wissen schon. Gut getarnt. Nachts sieht man sie pärchenweise kommen. *Wir* brauchten damals keine Swingerclubs, wir haben Liebe gemacht, wo und wann und mit wem wir Lust hatten.« Auf dem CD-Player läuft mittlerweile *Je t'aime*. Die Inhaberin pfeift die Melodie gekonnt mit, dann lächelt sie plötzlich kopfschüttelnd in sich hinein. »Die Bardot, wie kann man nur so prüde sein ...«

»Merci Madame!« Paulette bezahlt den *Express*, mit dem sie sich auf dem Weg ins Hotel, das sich nur einige Querstraßen weiter befindet, Luft zufächelt.

~

Das *Cigale* ist mit seinen riesigen gelben Sonnenschirmen leicht zu finden. Im milden Licht der untergehenden Sonne sitzt Agnès in Gedanken versunken an einem Tischchen neben der Straße. Sie trägt das Mini-Kleid aus bunten Lederdreiecken.

»Bonjour Paulette, wie war Dein Tag?«

»So la la ...«

Nach den üblichen Küsschen nimmt Paulette Platz und deutet mit dem Kinn auf Agnès' Kleid. »Schickes Outfit! Sechziger ... Nennt man Dich deswegen hier *Madame*?«

»Wer?«

»Serge, ein Junge, den ich am Strand kennengelernt habe.«

»Nie von ihm gehört ...«

»Er hat eine gewisse Ähnlichkeit mit Serge Gainsbourg ... Von Dir hat er nur nebenbei gesprochen. Eigentlich wollte er mit mir flirten.«

»War er galant?«

»Ein Macho!«

Ein *Garçon* in langer Schürze, der gerade vorbeikommt,

dreht ruckartig den Kopf, bleibt stehen und stemmt die Hände in seine üppigen Hüften.

»Ups«, Paulette zieht den Kopf in den Nacken und hält sich die Hand vor den Mund, »ich habe nicht…«

»Bringen Sie uns bitte zwei Pastis«, klärt Agnès die Situation.

»Sehr wohl, Mesdames.« Der *Garçon* schlurft kopfschüttelnd davon. Agnès und Paulette grinsen sich verschmitzt an.

»Na jedenfalls war dieser Serge ziemlich dämlich.«

»Zu dämlich, um die übliche Show abzuziehen?«

»Meinst Du damit, dass es sogar beim Flirten ein Kraftfeld gibt?«

»Der Flirt ist ein simpler Brauch.«

»So simpel, dass er sich noch vor dem Essen erklären lässt?«

»Erinnerst Du Dich?« Agnès blickt Paulette in die Augen. »Das Auge kann nichts aufnehmen, ohne etwas preiszugeben. Wenn sich zwei Menschen anblicken, entsteht eine Gegenseitigkeit, die so unmittelbar und vollkommen ist, dass sie das leiseste Zurseitesehen zerstört.«

»Mesdames…«

Agnès und Paulette blicken auf. Mit gezierter Höflichkeit serviert der *Garçon*, der nach gegrillten Sardinen riecht, den Aperitif. »Haben die Damen schon gewählt?«

Agnès und Paulette einigen sich schnell auf ein Menü.

»Da hast Du's.« Agnès gießt Wasser zum Pastis. »Der *Garçon* hat unsere Aufmerksamkeit auf sich gezogen und diese Gegenseitigkeit zwischen uns zerstört. Du hast Dich mir entzogen…«

»…und Du Dich mir…«

»…wie man sich überhaupt entzieht, wenn man jemandem nicht in die Augen blickt. Dann verschleiert man sich.

Der Blick in die Augen des anderen ist ein *Ja*. Man wendet sich zu ihm hin, ist bereit, sich auf ihn einzulassen.«

»Das Zurseitesehen ist ein *Nein*.«

»Man wendet sich von ihm ab, geht auf Distanz.« Agnès trinkt einen Schluck und zündet sich eine Zigarette an. »Jetzt stell' Dir beides zugleich vor!«

»Dann müsste man schielen, wie Sartre.«

»Ich denke eher an einen Blick aus den Augenwinkeln heraus. In ihm verbinden sich Hinwendung und Abwendung. Er dauert nur ein paar Sekunden, so dass sich im Hinwenden schon das Abwenden andeutet. Man richtet zwar seine Aufmerksamkeit auf den Anderen, versagt sich ihm jedoch im selben Moment durch die Haltung des Kopfes, der in eine andere Richtung weist. Dieser Blick hat etwas Verstohlenes, Heimliches, Kokettes, das nicht von Dauer ist. Beim Flirten ist er üblich.«

»Der Flirt ist also wie ein gleichzeitiges *Ja* und *Nein*.« Paulette nippt an ihrem Pastis und leckt mit der Zunge über ihre feuchten Lippen.

»Achte einmal darauf, wie Flirtende einander umschwänzeln! Frauen sind darin besonders talentiert. Wenn sie gehen, drehen und wiegen sie ihre Hüften, was auch ein gleichzeitiges Hinwenden und Abwenden zum Ausdruck bringt und ganz ungeniert auf die erogene Zone zielt. Die Mannequins auf dem *cat walk* haben diesen schwänzelnden Gang zu einer Kunst perfektioniert.«

»Aber *die* sind auch ziemlich flott …« Paulette weist mit dem Kinn zur Straße. Als würden sie bei einer Regatta mitsegeln, bläht ein Windstoß die Kleider dreier Grazien, die wiegenden Schritts die Promenade hinunter stolzieren.

Agnès nickt zustimmend und bläst ihnen den Rauch ihrer Zigarette hinterher. »Dieselbe Gleichzeitigkeit liegt vor, wenn sich die Frau während eines Gesprächs mit etwas anderem beschäftigt: wenn sie sich vom Mann abwendet, um sich Blumen oder einem Hund zuzuwenden. Dadurch gibt sie ihm zu verstehen, dass sie nicht an ihm interessiert ist, sondern an diesem anderen. Gleichzeitig bedeutet sie ihm aber auch, dass sie ihm nur etwas vorspielt und es gerade ihr Interesse an ihm ist, das sie dazu bringt, sich etwas anderem zuzuwenden.«

»Raffiniert …«

»Noch raffinierter ist die Technik der Halbverhülltheit. Sie bringt die Gleichzeitigkeit der Zuwendung und Abwendung besonders anschaulich zum Ausdruck. Die Frau offenbart dem Mann nur einen Teil von sich, aber so, dass seine Fantasie angeregt wird, sich das Ganze vorzustellen. Dadurch entsteht eine Spannung in ihm, die sich zur Begierde steigern kann. Zum Beispiel bei den Bikinis! Die sind so knapp, dass sie den Körper weniger verhüllen, als vielmehr gerade auf die verhüllten Teile aufmerksam machen. Die bunten Farben betonen diesen Effekt noch. Die enthüllten Teile regen die Fantasie an, sich auch noch den verhüllten Rest vorzustellen.«

»Wie bei durchsichtigen Blusen und tief ausgeschnittenen Dekolletés.«

»Neben der körperlichen Halbverhülltheit gibt es die geistige. Die Frau kann etwas behaupten, was sie nicht meint. Sie kann nicht ernst gemeinte Drohungen aussprechen. Sie kann in einem Maße bescheiden sein, dass Zweifel an ihrer Aufrichtigkeit aufkommen. Sie kann ein *fishing for compliments* betreiben. Damit tritt sie stets halb verhüllt hinter ihre Äußerungen zurück und gibt dem Mann das Gefühl, dass sie sich ihm gleichzeitig zu- und von ihm abwendet. Sie wird für ihn unfassbar und schwebt in dieser Unentschiedenheit des *Ja* und *Nein*.«

»Also Serge ist bestimmt keine Frau, aber auf ihn trifft

diese ganze Palette zu. Erst hat er mich mit Blicken aus den Augenwinkeln bombardiert. Dann kam er auf mich zu geschwänzelt. Danach hat er mitten im Gespräch eine *show* mit seinem Volleyball abgezogen. Ja, und halb verhüllt hat er sich auch: körperlich sein bestes Stück mit einem gelben Tanga und geistig hat er mir ein Kompliment gemacht, das ich nicht ernst nehmen konnte. Wahrscheinlich hat er damit selbst nach einem Kompliment gefischt.«

»Also ist er ein Profi. Er hat entweder traditional gehandelt, weil es seine Masche ist, oder emotional, weil Du sein Typ bist, oder rational, weil er mit anderen eine Wette laufen hat, wer im Urlaub die meisten Mädchen aufreißt, wie die Jungs aus Brunos Internat. So oder so oder so ist er einem sozialen Kraftfeld gefolgt, das die Wechselwirkung zwischen euch bestimmt hat. Selbst an diesem scheinbar so ungezwungenen Kontakt kannst Du sehen, dass man sich nicht nur am anderen orientiert, wenn man handelt, sondern auch daran, wie üblicherweise gehandelt wird.«

»Ich habe nur aus einem Gefühl der Verlegenheit heraus mitgemacht.«

»Aber Du wusstest, wie's geht, was kein Wunder ist, denn der Flirt ist ein weit verbreiteter Brauch.«

∼

Zwischendurch pustend, löffelt Paulette die heiße Fischsuppe. »Mich würde interessieren, wie der Flirt entstanden ist – und warum Du nur von Frauen gesprochen hast.«

»Weil die Frauen ihn erfunden haben, im 19. Jahrhundert, als die Großbürger und zunehmend auch die Mittelklasse so frei waren, sich zu bereichern. Der Staat sorgte dafür, dass sie ihre kapitalistischen Interessen auf dem freien Markt unter Konkurrenzbedingungen verfolgen konnten. Das Recht schützte ihr Eigentum, nicht zuletzt in Erbschaftsfragen. Dies ist einer der Gründe, warum die Familie unter dem besonderen Schutz des *Code Napoléon* stand. Sie war kein reiner Gefühlsraum, frei von Interessen, sondern auch ein Schauplatz patriarchalischer Herrschaft zum Zweck der Besitzstandswahrung. Kennst Du Olympe de Gouges?«

»Man hat sie umgebracht, weil sie die gleichen Rechte für die Frau forderte.« Paulette wischt sich die Schweißperlen von der Stirn, während Agnès ihren Teller mit einem Stück Baguette ausreibt. »Die Bürgerrechte galten nicht für die Frau. Der *Code Napoléon* sperrte sie erst recht in die Familie ein, wo sie dem Manne untertan sein musste: *Der Ehegatte schuldet seiner Frau Schutz, die Frau schuldet ihrem Mann Gehorsam*, hieß es in Paragraph 213. Der Mann konnte allein über den Besitz verfügen, also auch über das Vermögen der Frau. Die Frau hatte den rechtlichen Status eines Kindes. Wenn sie aus dem ehelichen Domizil flüchtete, konnte sie mit Polizeigewalt zurückgebracht werden. Frauen, die ihren Mann betrogen, mussten mit dem Tod rechnen, die Männer umgekehrt riskierten nichts, ihnen war die Komplizenschaft der anderen sicher. Es war Sitte, ins Bordell zu gehen oder eine Grisette auszuhalten.«

»Mädchen aus dem Proletariat …«

»Sie waren jung und brauchten das Geld … Näherinnen, Wäscherinnen, Verkäuferinnen …«

»… oder Tänzerinnen!«

»Die Damen der Halbwelt waren am begehrtesten …«

»…weil sie besonders attraktiv waren …«

»… und weil sie das Tier im Manne hervorzulocken wussten, wie es bei Balzac heißt: ›*Komm hervor!*‹… *Und das Tier bricht hervor und wälzt sich in Ausschweifungen.*«

»Mesdames,« räuspert sich der *Garçon*. »Ihre *Moules marinières.*«

106

Agnès schaut ihm schmunzelnd hinterher. »Wie Kairos sieht er wirklich nicht aus.« Agnès und Paulette lächeln sich an und lassen ihre Gläser Muscadet klingen. »*Santé!*«

»Halbweltdamen, die es verstanden, ihre Reize einzusetzen, konnten es weit bringen. Die Kurtisanen hüllten sich nicht nur in Moschus, um die Männer zu betören. Sie waren kokett! Damit schufen sie den Prototyp des Flirts und brachten die Emanzipation der Frau in Schwung, obwohl sie daran gar nicht interessiert waren, sondern nur an Macht und Geld.«

»Die Koketterie ist also ein interessebedingter Brauch«, folgert Paulette.

»Die Kurtisanen meinten, dass im Umgang mit den Bürgern in den Cafés und Separées ein bestimmtes Handeln, das jede auch von den anderen erwartete, ihrem Interesse am besten entsprach. Dadurch handelten sie alle im gleichen Sinne rational.«

»Wie?« Die Schalenklappe einer leeren Muschel als Zange nutzend, zupft Paulette ein gelbes Weichtier aus seinem blauvioletten Zuhause.

»Sie sprachen die Sprache der Bürger! Sie warfen ihre Gunst als Ware auf den Markt und ließen die Männer darum konkurrieren. Dabei konnten sie einen umso höheren Preis erzielen, je länger sie die Männer im Unklaren ließen, für wen sie sich entscheiden würden. Dieses Spiel konnten sie schmeichlerisch spielen, wenn sie ihnen signalisierten: *Du wärst zwar imstande, mich zu erobern, ich will mich aber nicht erobern lassen.* Verächtlich, wenn sie sie spüren ließen: *Ich würde mich zwar erobern lassen, aber dazu bist du nicht imstande.* Oder provozierend: *Vielleicht kannst du mich erobern, vielleicht aber auch nicht – also versuche es!* Der Mann musste hinter jedem *Ja* ein *Nein* und hinter jedem *Nein* ein *Ja* fühlen, wobei die Kunst der Frau darin bestand, sich in die Nähe des einen Pols zu begeben und den anderen Pol gleichzeitig mitschwingen zu lassen. Das war ihr Trick: die Gleichzeitigkeit von *Ja* und *Nein*, das Wechselspiel von Hinwendung und Abwendung. Diese Unentschiedenheit verunsicherte den Mann, steigerte ihren Marktwert und verschaffte ihr Macht über ihn.«

»Wie Rosanette in der *Erziehung des Herzens.* Flaubert nennt sie die *Marschallin...*«

»... weil sie mit ihrer Koketterie Macht über die Männer gewonnen hat und konsequenterweise auf einem Ball ein Marschallkostüm trägt, in dem sie Frédéric Moreau anmacht.« Agnès kaut genüsslich. »Erinnerst Du Dich? Rosanette steht so, dass ihr Gewicht auf der einen Hüfte ruht, das andere Bein hat sie ein wenig rückwärts gestellt. Während ihre linke Hand – Freud lässt grüßen – einen perlmutternen Degengriff liebkost, sieht sie Frédéric eine Minute lang mit einer halb flehenden, halb spöttischen Miene an, bis sie *Guten Abend!* sagt und...«

»... mit einer flinken Wendung verschwindet.«

»Kurtisanen waren keine Emanzen, aber sie erkämpften sich ein Maß an Freiheit und Gleichheit, von dem die Ehefrauen nur träumen konnten. Die Freiheit, über ihr Leben selbst zu entscheiden, gewannen sie paradoxerweise dadurch, dass sie den Männern vorgaukelten, in der Liebe unentschieden zu sein.«

»Und ihre Gleichheit?«

»Die gewannen sie dadurch, dass sie ihre Gunst freiwillig als Ware anboten. Die Gleichheit folgt aus dem Prinzip des Markts, dass der Tauschakt die Besitzer verschiedener Waren als formell gleiche Personen voraussetzt. Die Tauschenden dürfen in keinem Abhängigkeitsverhältnis stehen, das es dem einen ermöglichen würde, den anderen zur Hergabe zu zwingen. Weil die Kurtisane keinen Bund fürs Leben schließen will, sondern ihre Reize für Geld und Geschenke feilbietet, kann sie sich vorbehalten, ihre Gunst zu verweigern. Das unterscheidet sie von den Ehefrauen, die von ihren Gatten abhängig sind, und das macht sie den Männern ebenbürtig.«

»Aber warum haben sich die Männer auf dieses Spiel eingelassen?«

Die leeren Schalen häufen sich. Agnès tunkt hingebungsvoll den Sud auf, in dem Stückchen von Möhren und Schalotten schwimmen. »Vorfreude ist bekanntlich die schönste Freude. Wie die Männer nun einmal sind, spüren sie schon am Interesse, das eine Frau für sie zeigt, den Reiz, sie zu besitzen. Das genügt, um sich auf ihr Spiel einzulassen, das ein Glücksspiel ist. Der Gewinn ist nie sicher. Wieviel man auch investiert, für den Erfolg gibt es keine Garantie. Hinter jedem Etappensieg lauert das Aus. Das schmälert zwar die Bedeutung des Gewinns, steigert aber auch den Reiz weiterzumachen. Die Frauen versprechen in diesem Spiel um das Glück in der Liebe den Genuss. Sie geben aber auch zu verstehen, dass sie sich ebensogut jederzeit versagen könnten. Aus dieser Chance des *Vielleicht* resultiert ihre Macht ...«

»... die sie aber nur solange haben, wie sie die Männer verunsichern können ...«

»... solange es den Männern ernst ist und sie keinen Gefallen an dem Spiel finden. Wenn sie sich das *Ja* nicht mehr herbeisehnen und das *Nein* nicht mehr fürchten, gewinnen sie ihre innere Sicherheit wieder. Die Pole treten als realisierbare Möglichkeiten in den Hintergrund. Was zählt, ist nur noch das Wechselspiel zwischen ihnen. Jetzt wollen die Männer gar nicht weiter gehen, als die Frauen sie lassen. Sie können sich ganz dem Spiel hingeben, das sich im Reiz der Gegenwart erschöpft, ohne auf eine Zukunft hinauszulaufen. Aus einem Spiel der Frauen mit den Männern ist ein Spiel geworden, das beide Geschlechter spielen.«

Der *Garçon* serviert wortlos die *Crème brulée.* Paulette zögert keine Sekunde, um mit dem Dessertlöffelchen die Karamellkruste zu knacken. »Aber wie kam es dann zum Flirt?«

»Flirt ist nur ein anderes Wort für Koketterie. Es kam Ende des 19. Jahrhunderts auf, als die Bürgertöchter kokett wurden. Vielleicht setzte es sich deswegen durch. Jedenfalls hatten diese jungen Damen weniger Interesse an Macht und Geld als vielmehr an ihrer Emanzipation. Sie wollten keine dummen Gänse sein, die sich in die Ehe mit Männern zwingen ließen, die ihre Väter für sie ausgesucht hatten, sondern selbst entscheiden…«

»…darum ahmten sie die Kurtisanen nach, wenn sie mit den Bürgersöhnchen verkehrten!«

»Man nannte sie Halbjungfrauen, weil sie sich Freiheiten herausnahmen, aber jungfräulich blieben. Heute klingt das seltsam, aber diese jungen Damen machten ein Kraftfeld der Halbwelt gesellschaftsfähig. Nach dem Ersten Weltkrieg konterkarierte die *Garçonne* die patriarchale Ordnung des *Code Napoléon*, indem sie sich männlich gab. Sie trug Bubikopf, Anzüge und flirtete mit Männern und Frauen. Das machte sie zur Galionsfigur der Emanzipation, die nun richtig in Schwung kam.«

»Wurde auch Zeit!«

»Coco Chanel war eine *Garçonne.* Mademoiselle machte Mode für die moderne Frau, die reisen und Karriere machen wollte. Nach dem Zweiten Weltkrieg setzten Frauenrechtlerinnen wie Simone Veil und die Beauvoir eine Reform des *Code Napoléon* durch, die den Frauen das Wahlrecht mitsamt mehr Selbstbestimmung brachte und die Demokratisierung komplettierte. Dann kamen die Gréco, Françoise Sagan, die Bardot und mit ihnen die Zeit der sexuellen Revolution.« Agnès lässt die *Crème* auf ihrer Zunge zergehen.

»*Sea, sex and sun* war die Devise der Bardot …«

»… die an den Stränden der Côte d'Azur vor den Augen aller Welt flirtete. Als Sexsymbol war sie ständig in den Medien. Das machte den Flirt zu einem populären Brauch. Für die Jugend gab es Nachhilfeunterricht in Zeitschriften wie *Mademoiselle age tendre* und *20 Ans*, die Bruno offenbar nicht gelesen hat, sonst wären seine ersten Annäherungsversuche nicht so kläglich gescheitert.«

»Wer liest schon dieses Zeug?«

»Die Massen! Als Massenphänomen hat der Flirt seine emanzipatorische Funktion freilich verloren. Dafür ist er zu einem Symbol unserer heutigen Gesellschaft geworden, in der man sich weit über das Verhältnis der Geschlechter hinaus spielerisch im Schwebezustand dieser Gleichzeitigkeit von *Ja* und *Nein* einrichtet, weil definitive Entscheidungen fehl am Platze sind. Das Zauberwort heißt Mobilität! Wer kann und will sich heute noch festlegen, in unseren flüssigen Zeiten?«

»Dazu passt doch, dass die Mode ihre differenzierende Funktion verliert und uns nur noch auffordert, mit dem Alten zu brechen. Das scheint System zu haben! Wenigstens ist die Emanzipation nicht auf der Strecke geblieben …«, Paulette pausiert eine Sekunde, ihre Augen werden schmal, als sie hinzufügt: »… auch wenn Bruno die Emanzen nicht ausstehen kann.«

»Bruno eifert gegen den Typ Emanze, dem die Emanzipation nur Mittel zum Zweck ist, um wie die Kurtisane zu Macht und Geld zu kommen. Nur dass die Kurtisane den Mann als Mit- und Gegenspieler noch anerkannte, während ihn diese Emanze demontiert und nicht selten davor zurückschreckt, außer den Waffen der Emanzipation die altbewährten Waffen der Frau gegen ihn ins Feld zu führen. Sie schläft sich hoch …«

»… und lässt es sich ansonsten von Latinos besorgen …« Paulette beißt mit den Zähnen auf ihrer Unterlippe herum.

»Es soll Emanzen gegeben haben, die als Bauchtänzerinnen im Harem endeten. Andererseits hat es Frauen wie die Beauvoir gegeben. Wo wären wir ohne ihre Glaubwürdigkeit?«

~

»Bon soir!« Wie aus dem Zylinder gezaubert, steht Tadeusz vor ihnen. »Agnès, es wird Zeit, kommst Du?«

»Ich wusste nicht, dass Du noch etwas vor hast«, wendet sich Paulette mit großen Augen an Agnès.

»Habe ich es Dir nicht gesagt? Tut mir wirklich leid,« lächelt Agnès verkrampft, bevor sie einen zerknitterten Geldschein auf den Tisch legt. »Wir sehen uns morgen, versprochen …«

Ohne die üblichen Abschiedsküsschen eilt sie zu Tadeusz auf die Straße hinaus, der hämisch zurückgrinst, als die beiden in der Masse der Nachtschwärmer verschwinden.

~

»*Nachts sieht man sie pärchenweise kommen.*« Anstatt den beiden zu folgen, nimmt Paulette den kürzesten Weg in die *rue des Gaules*, die wie in den Nächten zuvor menschenleer ist. Zwei streunende Hunde machen sich an einer Mülltonne zu schaffen, die alsbald scheppernd die Straße hinterrollt. Kaum dass sich Paulette hinter einem Döschewo verschanzt hat, biegt ein Paar mittleren Alters in mondäner Aufmachung um die Ecke und verschwindet in dem Haus. »Madame hat recht.« Kurz darauf erscheinen Agnès und Tadeusz. Er redet wild gestikulierend auf sie ein, als wolle er sie dirigieren, und wieder frischt ein Lüftchen auf. Minuten später hat sich die Straße in einen Windkanal verwandelt. Paulette fröstelt.

∼

Im Hotelzimmer schließt sie die Fenster und die Balkontür. Sie schlüpft ins Bett und blättert erregt in den *Elementarteilchen*: »… *gingen sie in einen Swinger-Club – ins* 2 + 2, Chris et Manu, *ins* Chandelles. *Ihr erster Abend bei* Chris et Manu *sollte Bruno in außerordentlich lebhafter Erinnerung bleiben. Neben der Tanzfläche waren mehrere Räume mit seltsamer lilafarbener Beleuchtung; darin standen mehrere Betten nebeneinander. Überall waren Paare, die vögelten, sich gegenseitig streichelten oder leckten. Die meisten Frauen waren nackt; manche hatten eine Bluse oder ein T-Shirt anbehalten oder sich damit begnügt, ihr Kleid hochzuziehen. Im größten Raum befanden sich etwa zwanzig Paare. Fast niemand sagte etwas, man hörte nur das Summen der Klimaanlage und das Keuchen der Frauen, die kurz vor dem Orgasmus waren.*« Paulette wirft das Buch an die Wand, wo es an der Blümchentapete abprallt und zu Boden fällt: »Scheiße!«

Stunden später liegt sie immer noch wach. Das Keuchen im Nebenzimmer kommt ihr wie ein Karaoke von *Je t'aime* vor. Nachdem sie das *Maintenant, viens!* zum dritten Mal mitangehört hat, pocht sie gegen die Wand, ohne Erfolg, worauf sie ihren Kopf unter dem Kissen vergräbt.

Freitag

Über Nacht war ein Sturm aufgezogen. Regenwolken hatten sich draußen über dem Atlantik zusammengeballt, waren mit dem Westwind auf die Küste zugeflogen, um sich nun in dicke Tropfen aufzulösen, die auf die Promenade prasseln und den Strand mit Pfützen übersäen. Am Bootsverleih weht Agnès in gelber Regenjacke wie eine Plastiktüte zwischen den Booten und Surfbrettern umher.

»Agnès!«, brüllt Paulette gegen den Wind. Als Agnès sie bemerkt, bugsiert sie die Pitschnasse in den Wohnwagen.

»Was machst Du hier bei diesem Wetter?«, fragt Agnès vorwurfsvoll.

»Hast Du unsere Verabredung vergessen?«

»Nein …« Agnès' Stimme nimmt einen beschwichtigenden Ton an. »Aber leider wird nichts daraus, mir ist etwas dazwischen gekommen. Ich hätte Dich schon längst angerufen, wenn der Sturm nicht gewesen wäre … Jetzt schau' mich nicht so an. Was kann ich dafür, dass ich nach Angers muss?«

»Versprechen zu halten ist Konvention«, flüstert Paulette hohlwangig.

»Tu nicht so erwachsen!«, antwortet Agnès gereizt.

»Wann bist Du zurück?«

»Am späten Abend. Wir vertagen uns einfach auf morgen.« Agnès lächelt einladend. »Der Regen wird bald aufhören. Du kannst Dir einen wunderschönen Tag am Strand machen!«

»Morgen reise ich ab.«

»Dann werde ich Dich zum Zug bringen …« Agnès frischt ihr Lächeln auf.

Paulette lässt sie ohne zu antworten stehen und rennt in den Regen hinaus.

»Ich muss mich bei ihr entschuldigen!« Gegen 22 Uhr steht Paulette in der *rue Marcel Proust* vor Agnès' Hütte, als plötzlich Agnès und Paul aus der Tür treten. Sie kann gerade noch zwischen den Bougainvillea wegtauchen, um nicht gesehen zu werden. Wie ein Schatten heftet sie sich an ihre Fersen. »Der Champagner soll sie wohl in Stimmung bringen.« Als die beiden in diesem Haus verschwinden, ist Paulette einen Sekundenbruchteil früher zur Stelle, bevor die Tür ins Schloss fällt. Auf Zehenspitzen schleicht sie ins Innere, das aber nicht lila beleuchtet, sondern noch düsterer als die Fassade ist. »Seltsam …« Sie dringt ins Dunkel des Treppenhauses vor, wo sie Stimmen im Kellergeschoss hört.

Unten angelangt tastet sie sich an der Wand entlang, bis sie einen Lichtschimmer erkennt. »Das muss eine Tür sein …« Sie presst ihr linkes Ohr an das Holz. Erleichtert, niemanden keuchen zu hören, stutzt sie plötzlich. »Kasimir?« Sie lauscht der dozierenden Stimme. »Auf mich machte es stets einen befremdlichen Eindruck, wenn ich etwas Missbilligendes über die Faulheitshandlung von einem Staats- oder Familienmitglied hörte oder geschrieben sah. *Faulheit ist die Mutter aller Laster* – so brandmarken die gesamte Menschheit und alle Völker diese besondere menschliche Tat. Ich war immer der Meinung, dass diese Anklage der Faulheit ungerecht ist. Warum wurde die Arbeit so gepriesen und auf den Thron des Ruhmes und der Lobpreisung gesetzt, die Faulheit dagegen an den Pranger gestellt, alle Faulen mit Schmach und dem Brandmal des Lasters, der Mutter der Faulheit, bedeckt, jeder Arbeitende aber mit Ruhm und Gaben bedacht und gefeiert? Mir kam es immer so vor, als müsse es gerade umgekehrt sein: Die Arbeit muss verflucht werden, wie es auch die Legenden vom Paradies überliefern, die Faulheit aber sollte das sein, wonach der Mensch zu streben hat.«

Eine andere Stimme unterbricht ihn barsch: »Es geht nicht darum, Bruder Kasimir, mit der stimulierenden Geste intellektueller Schnellimbissverkäufer aufs Papier gebannte Relikte alter Ideen als die Würstchen zu verwerten, zu denen man seinen Senf dazugeben kann. Bruder Paul hat das alles schon längst geklärt und den richtigen Schluss daraus gezogen, als er schrieb, dass es nicht angehe, die Kapitalisten dazu anhalten zu wollen, für Arbeit zu sorgen: Nicht auferlegen, verbieten müsse man sie, die Arbeit, nicht wahr Bruder Paul?«

»Oh Faulheit, erbarme Du Dich des unendlichen Elends! Oh Faulheit, Mutter der Künste und der edlen Tugenden, sei Du der Balsam für die Schmerzen der Menschheit!«

»Das muss Paul sein…«, vermutet Paulette.

Nun ist der Barsche nicht mehr zu bremsen. »Eine Strategie, die sich darauf beschränkt, der Arbeit ihren Teil an den durch sie produzierten Werten/Waren zu sichern, führt zu einer Kollaboration mit dem System der Verwertung. Die Forderung nach Arbeit für alle impliziert auch die Forderung, alles in immer kürzerer Zeit Produzierte zu verkaufen.«

»Sehr richtig, Bruder Lucifer!«, applaudieren mehrere andere.

»Die Kolonisierung unserer gesamten Zeit durch die Ware versucht jede Alternative zur Arbeit in der Langeweile zu ersticken. Doch in der Leere eines mit Waren überfüllten Raumes wird unübersehbar, dass der eigene Gebrauch der Zeit sich nicht in der Passivität der in diesem sozialen Opiumkrieg Unterworfenen verwirklicht, sondern in dem bewussten Versuch eines intensiv genossenen Lebens in krea-

tiver Arbeitsscheu und Desinteresse an allen Ersatzbefrie-
digungen der Komsumangebote.«

Wieder ertönt schallender Applaus, der Lucifer beflügelt:

»Arbeiten heißt, seine (potenziell lebendige) Zeit
verkaufen
die Zeit wird zum Wert
ARBEIT
noch sieben Stunden
ARBEIT
noch fünf Stunden
Träume von der Zukunft
Feierabend
Ruhestand
Erfolg – in Ruhe genießen – konsumieren
DINGE
Die geopferte Zeit zurückholen – aber sie ist tot und
bleibt es.
Vergangenheit und Zukunft beherrschen die Gegenwart
DINGE ersetzen LEBEN
Wert ist die verkaufte Zeit
ARBEIT
noch vier Stunden
ARBEIT
noch drei Stunden
quantifiziert   genormt   wiederholt
Die Waren sind die Mumien getöteter Momente.
Wir wollen den Augenblick nicht länger an die Zukunft
verschenken, sondern ihn leben, ihn SEINE Zukunft
empfinden lassen.
Den Genuss finden wir in der lähmenden Passivität des
Warenkonsums genausowenig wie in der Produktion
künftigen Überlebens.«

Tobender Applaus, bis der Chor schließlich skandiert:

»Tanzen, spielen und Gesang
Und vor allem Müßiggang!«

Plötzlich spürt Paulette, wie sie jemand von hinten packt.

»Hab' ich Dich erwischt, Du kleines Luder!«

Es ist die Stimme von Tadeusz. Paulette zappelt wie ein Fisch am Haken.

»Agnès kannst Du vielleicht etwas vormachen, aber *mir* nicht! *Mir* nicht! Haben SIE Dich geschickt? Natürlich haben SIE Dich geschickt …«

»Lass' mich los, Du tust mir weh!«

Mit der freien Hand reißt Tadeusz die Tür auf und stößt Paulette in den Raum, in dem die Hochstimmung wie eine Seifenblase platzt.

»Eine Spionin!«, brüllt Tadeusz.

Eben noch *eine* Stimme, wandelt sich der Chor in einen inquisitorischen Blick.

»Wen haben wir denn da? … Eine Agentin des Kapitals!«

Hakennasig reißt Bruder Lucifer das Verhör an sich. »Was willst Du hier? … Uns *evaluieren*? … Was bezahlen SIE Dir?«

»Was soll das werden? Spinnt Ihr denn alle?« Paulettes Stimme zittert.

Als Bruder Lucifer sie mit hochnotpeinlichem Blick aufs Korn nimmt, gellt ein schriller Pfiff.

»Polizei!«

Im Raum herrscht schlagartig Tumult. Der Chor stiebt auseinander. Jemand packt Paulette am Unterarm und zerrt sie in eine dunkle Ecke. Es ist Agnès, die ihr die Hand auf den Mund presst. Wenige Herzschläge später zieht Agnès sie mit sich mit. Nach kurzem Weg, auf dem es nach Heizöl riecht, klettern die beiden durch ein Kellerfenster nach draußen.

»Lass' uns bloß verschwinden!«

»Mein Hotel ist nicht weit von hier …«

Nach kurzer Hast erreichen sie das *Beauregard*. Um den schlafenden Portier nicht zu wecken, biegen sie zur Treppe und rennen zwei Stufen auf einmal nehmend nach oben. Zwei Minuten später betreten sie außer Atem Zimmer 413.

~

Agnès schnappt nach Luft, was sie aber nicht davon abhält, zwischen zwei Japsern Paulette anzuschreien: »Bist Du völlig durchgeknallt?«

»Ich dachte, Du schläfst mit ihnen …«

»Was?«, überschlägt sich Agnès' Stimme.

»Abend für Abend mit diesen Typen in diesem Haus, das muss ein Swingerclub sein, dachte ich, einer, in dem Typen wie Bruno verkehren: *Neben der Tanzfläche waren mehrere Räume mit seltsamer lilafarbener Beleuchtung; darin standen mehrere Betten nebeneinander. Überall waren Paare, die vögelten, sich gegenseitig streichelten oder leckten.*«

»Hör auf!«

Aber Paulette fährt stoisch rezitierend fort. »*Die meisten Frauen waren nackt; manche hatten eine Bluse oder ein T-Shirt anbehalten oder sich damit begnügt, ihr Kleid hochzuziehen.*«

»Spinnst Du?«

»*Du* hast mir doch erklärt, dass man heute permanent zwischen *Ja* und *Nein* schwebt und mit dem Alten bricht«, kontert Paulette. »Ich habe nur eins und eins zusammengezählt!«

Das Zimmer beginnt zu kreisen, Agnès setzt sich aufs Bett.

»Du bist ja ganz blass …« Paulette nimmt einen Perrier aus der Minibar, gießt ihn in ein Glas, das sie Agnès gibt. Die nippt daran und starrt gedankenverloren vor sich hin.

119

Nach einer Minute bricht Paulette das lähmende Schweigen: »Besser?«

Agnès' Augenlieder zucken. »Diese *Typen*, sie gehören einer Geheimgesellschaft an.«

»Und *Du* gehörst dazu?«, wundert sich Paulette.

»Für sie schon … Ich spiele diese Rolle als Surflehrerin seit einem Jahr.«

»Was bist Du, Undercoveragentin?« Paulette setzt sich neben sie und lächelt verkrampft.

»Soziologin… auf Feldforschung, verdeckt natürlich, denn die meisten von ihnen meinen, im Auftrag der Weltgeschichte zu handeln, und die wenigsten verstehen Spaß.«

»*Darum* durfte niemand wissen, worüber wir plauderten! Aber was soll dieser Geheimgesellschaftsmummenschanz? Frankreich ist kein absolutistischer Staat mehr!«

»Dafür wird die Gesellschaft immer absolutistischer. Um das zu erkennen, musst Du auch nur eins und eins zusammenzählen! Die L- und M-Größen des Bürgertums haben ein Kraftfeld erzeugt…«

»…den freien Markt…«

»…der heute alle anderen Kraftfelder verdrängt oder durchdringt und die soziale Welt nach seinem Ebenbild in einen riesigen Marktplatz voller Wettkämpfe verwandelt, auf dem wir von Casting zu Casting und von Event zu Event hetzen. Er löst die Menschen aus allen festen Beziehungen, um sie als Elementarteilchen nach Bedarf miteinander zu kombinieren, sofern er sie nicht ganz ausscheidet, weil er sie nicht gebrauchen kann, was Millionen Tag für Tag buchstäblich am eigenen Leib zu spüren bekommen. Du weißt, dass mit der Größe sozialer Einheiten die Austauschbarkeit der Positionen zunimmt.«

»Die Beziehungen werden flüssig.«

»Die Massendemokratie ist der ideale Nährboden für diese Mobilität. Alle Menschen sind frei und gleich und können damit alle möglichen Rollen übernehmen, sofern sie die erforderliche Leistung bringen und sich gegen die Konkurrenz anderer durchsetzen. Das gilt nicht nur für die Arbeitswelt, sondern zunehmend auch für die Privatwelt, also für kleinere Einheiten. Früher hatte man einen Beruf, den man sein Leben lang ausübte. Heute hat man Jobs. Ist Dir klar, was dieses Wort ursprünglich bedeutet hat?«

»Nein …«

»Einen Dreckklumpen, den man herumschieben konnte! Wie passend! Der Markt fordert Flexibilität und Mobilität. Man muss stets bereit sein, neue Aufgaben in neuen Projekten und neuen Teams zu übernehmen oder gleich ganz den Arbeitsplatz und Wohnsitz zu wechseln. Dadurch werden die Kontakte immer kürzer und flüchtiger, nicht nur in der Arbeitswelt. Die bürgerlichen und proletarischen Milieus gibt es längst nicht mehr. Nun lösen sich die Nachbarschaften und Freundschaften auf, die Familien zerfallen, Ehen werden geschieden oder erst gar nicht geschlossen. Man vereinsamt, wie Michel, oder besucht Swingerclubs, wie Bruno, in der Hoffnung, genug Leistung zu bringen und die sexuelle Konkurrenz für sich zu entscheiden, um wenigstens einen Lebensabschnittsteilzeitpartner zu finden. Der Markt macht keineswegs halt vor den privaten Gefühlsräumen, sondern modelliert sie den wirtschaftlichen Interessen entsprechend. Als Ersatz für feste Beziehungen bietet er die Ideologie der Freiheit und Selbstverwirklichung, die Typen wie Michel im Sinne protestantischer Selbstdisziplin interpretieren, während sie Typen wie Bruno hedonistisch auslegen. Für den Markt ist beides gleich wichtig.«

»Wieso?«

»Weil Massenproduktion und Massenkonsum voneinander abhängen. Um funktionieren zu können, braucht der Markt nicht nur den leistungswilligen Helden der Arbeit, sondern auch den genusssüchtigen Superkonsumenten. Das steht so auch bei Houellebecq…« Agnès nimmt die *Elementarteilchen*, die auf dem Nachttischchen liegen, blättert darin herum und liest: »*Für das reibungslose Funktionieren der Gesellschaft, für das Weiterbestehen des Wettbewerbs, ist es erforderlich, dass die sinnliche Begierde zunimmt, sich ausbreitet und das Leben der Menschen verzehrt.*«

»An diese Stelle erinnere ich mich…«

»Der Markt muss hedonistische Einstellungen erzeugen, die den massenhaften Verbrauch der massenhaft produzierten Güter in Gang halten. Das Konsumieren wird zu einer eigenen Tätigkeit, die weit über die materielle Sicherung der Existenz hinausreicht. Konsumiert wird alles, was die Sinne befriedigt, bis hin zu Luxusgütern und Sexualpartnern. Wer seine Lektion in Sachen Freiheit und Selbstverwirklichung gelernt hat, legt sich dabei nicht fest, denn am Horizont wartet schon der-die-das Neue. Dauerhafte Güter und feste Beziehungen sind kein Thema, worauf es ankommt, ist der unmittelbare Genuss. Die Welt erscheint als unendliches Meer konsumierbarer Güter und Menschen, auf dem man herumsurft, um dieses oder jenes abzuschöpfen, wobei man seine Wünsche stets ändern kann, denn alles lässt sich mit allem kombinieren.«

»Klingt wie das konsumistische Manifest!«, scherzt Paulette. »Völker, leert die Regale!«

»Dieser permanente Wandel, der die Menschen als Arbeitende und Konsumierende im Namen der Freiheit und Selbstverwirklichung in Trab hält, führt nicht nur zum Verlust eines stabilen Selbst, sondern auch jedweden Gemeinsinns. Sofern sich das Selbst nicht autistisch abkapselt, wie Michel, ist es kein integriertes Ganzes mehr mit klaren Konturen, sondern flüssig und durchlässig für immer neue *Hypes.* Von ständig wechselnden individuellen Interessen und marktgerechten Gefühlen getrieben, hat es keine Vorstellung von einem Allgemeininteresse und kein Soldaritätsempfinden, egal wie groß die soziale Einheit ist. Schuld daran ist nicht zuletzt die Zerstörung der bürgerlichen Familie. Sie war zwar nie frei von Interessen, blieb aber als ein Raum, in dem soziale Gefühle gedeihen konnten, dem Zugriff des Markts lange entzogen. Der Staat hatte sie wegen ihrer sozialisierenden Funktion sogar unter seinen besonderen Schutz gestellt.«

»Moment, dazu habe *ich* das passende Zitat!« Paulette nimmt Agnès die *Elementarteilchen* aus der Hand und blättert drauf los. »*Wie der schöne Begriff ›Schutzgemeinschaft der Ehe‹ andeutet, stellten das Ehepaar und die Familie die letzte Insel des Urkommunismus im Schoß der liberalen Gesellschaft dar. Die sexuelle Befreiung hatte die Zerstörung dieser letzten Gemeinschaftsformen zur Folge, der letzten Zwischenstufen, die das Individuum vom Markt trennten.*«

»Darum war 68 keine Revolution, wenn man darunter die Ablösung eines Systems durch ein anderes versteht. Es war im Gegenteil eine Anpassung an die Marktverhältnisse, denn die Hippies redeten den hedonistischen Einstellungen das Wort, die die massenhaft produzierende Gesellschaft braucht. Dass für die Betriebsunfälle der freien Liebe keine Liebe mehr übrig blieb, hat Houellebecq am Beispiel von Michels und Brunos Mutter illustriert, die ihre Kinder auf ihrem egoistischen Selbstverwirklichungstrip als soziale Krüppel zurückließ. Trotzdem ist 68 ein Mythos, dem viele auf den Leim gehen, leider auch diese neue Geheimgesellschaft.«

»Erzähl!«, brennt Paulette vor Neugier.

»Weißt Du, wer Peter Higgs ist?«

Paulette schüttelt den Kopf.

»Ein Physiker, der ein nach ihm benanntes Kraftfeld entdeckt hat. Er stellte sich die Frage, warum manche Teilchen eine Ruhemasse haben, andere nicht. Photonen beispielsweise haben keine. Sie sind permanent in Bewegung. Wenn man ihnen Energie entzieht, werden sie nicht langsamer, sondern verringern nur ihren Takt. Entzieht man ihnen alle Energie, hören sie zu existieren auf. Dagegen bleiben Elektronen nach dem Energieentzug erhalten. Sie haben eine Ruhemasse, die ihnen Trägheit verleiht, also Widerstand gegen Bewegungsänderungen. Sie sind nur unter Energieeinsatz zu stoppen oder auf Trab zu bringen. Higgs führte diesen Unterschied auf ein Kraftfeld zurück, das sich mit den Teilchen in unterschiedlicher Wechselwirkung befindet.«

»Was hat das mit Eurer Geheimgesellschaft zu tun, bis vielleicht auf das idiotische *H* an der Tür dieses Bunkers?«

»Einige Mitglieder haben in den Sechzigern bei Higgs in Edinburgh studiert und die *Flower Power* um sie herum als *soziales* Higgs-Feld interpretiert, das sie verstärken wollten, damit der alles mobilisierende Markt den Menschen und ihren Beziehungen nicht alle Ruhemasse wegrationalisiert. Sie suchten nach Quellen der Trägheit, experimentierten mit Faulheit, inszenierten den Müßiggang. Das Spektrum war enorm. Romanciers entdeckten die Langsamkeit, Essayisten lobten die Gelassenheit, Philosophen entwickelten ideologiekritische Dromologien. Die praktischer Veranlagten kreierten *Slow Food* oder eröffneten Zeitbanken. Damit der Markt nicht jede Idee sofort korrumpiert, haben sie sich als Geheimgesellschaft konstituiert, die sich regelmäßig in ihren Logen trifft.«

»Also bin ich in ein *solches* Treffen geplatzt ...« Paulette schlägt sich mit der Hand vor die Stirn.

»Hast Du in La Baule und am Strand nicht diese entspannte Atmosphäre gespürt? Das Leben ist lebenswerter!« Als wolle sie es sich ganz anverwandeln, atmet Agnès tief ein. »Das ist ihr Werk …«

»*Du* hast mir Deine Zeit geschenkt …«

Agnès lächelt bitter. »Es ist spannend zu beobachten, wie eine Gegengesellschaft funktioniert.«

»Sicher ist es das … leider hab' ich's Dir vermasselt …«

»Letztlich sind ihre Anstrengungen nur Wasser auf die Mühlen des Hedonismus. Sie fechten den egoistischen Individualismus unserer Marktgesellschaft nicht an.«

Paulette fängt mit einem Mal leise zu singen an:

»*… I feel the weight of the world on my shoulder*
As I'm gettin' older, y'all, people gets colder
Most of us only care about money makin'
Selfishness got us followin' our own direction …
Where is the love …

Ich hab's mir gemerkt, weil Du es magst. Aber scheinbar hilft auch Singen nichts. Die Black Eyed Peas sind auch korrumpiert. Wir können also nur warten, bis einer Michels genetische Entdeckung verwirklicht.«

Sie blättert in den *Elementarteilchen*: »nämlich *durch eine – wenn auch etwas gewagte – Interpretation der Postulate der Quantenmechanik die Bedingungen der Möglichkeit der Liebe wieder herzustellen.*«

»Diese *etwas gewagte Interpretation* Michels speist sich aus seiner Lektüre Auguste Comtes, vor allem seiner Briefe an Clotilde de Vaux und der …«

»… *Synthèse subjective, das letzte unvollendete Werk des Philosophen*«, erblättert Paulette.

»Zweifellos war er Philosoph! Er hat aber auch eine Wissenschaft begründet, für die er den Namen *Soziologie* erfand.«

»Ehrlich?«

»Es ist kein Zufall, dass Houellebecq ausgerechnet ihn ins Spiel bringt. Comte hatte in der Julimonarchie erlebt, wie der Gemeinsinn am *Enrichissez vous!* zuschanden ging, als er sich in Clotilde de Vaux verliebte, eine junge Schriftstellerin, die ein Jahr, nachdem er sich ihr erklärt hatte, starb. Es war die Liebe seines Lebens. Er nahm sie zum Vorbild für die Liebe zum anderen, mit der er den egoistischen Individualismus eindämmen wollte. Er hoffte darauf, dass sich die Extreme einmal mehr berühren. Erinnerst Du Dich? Man öffnet sich dem Nächsten und dem Fernsten. Also müsste man auch den Fernsten wie den Nächsten lieben können. *Vivre pour autrui*: *Für den anderen leben*, war sein Motto, mit der Liebe als Prinzip. Dabei setzte er auf die Frauen, die für ihn von Natur aus mitfühlender waren. Er erklärte sie zu Priesterinnen einer Religion der Menschheit, die den Menschen das Gefühl geben sollte, dass sie Teile eines Ganzen sind: einer großen sozialen Einheit. Das war seine Lösung.«

»Die Gentechnologie gab es damals ja noch nicht.«

»Heute gilt das *Enrichissez vous!* mehr denn je. Michel hat dasselbe Ziel wie Comte. Houellebecq legt ihm dessen Ansichten in den Mund: dass *die Religion ausschließlich die Funktion habe, die Menschheit zu einem Zustand vollkommener Einheit zu führen*; und dass Frauen *zärtlicher, liebevoller, mitfühlender* sind und weniger zu *Gewalttätigkeit, Egoismus, Selbstbehauptung, Grausamkeit* neigen. Schließlich ist es bei Michel ebenfalls die Liebe eines Lebens, die ihn inspiriert, wenn es auch nicht seine eigene, sondern die seiner Schulfreundin Annabelle ist, die er nach Jahren wiedertrifft und die nach kurzem Aufflackern gemeinsamen Glücks wie Clotilde stirbt: *Sie war auf Anhieb, ohne sie gesucht, ohne sich wirklich nach ihr gesehnt zu haben, ihrer* großen Liebe *begegnet*. Lies bitte mal weiter!«

»*Ohne selbst die Liebe kennengelernt zu haben, hatte sich Michel am Beispiel Annabelles eine Vorstellung davon machen können; er hatte ermessen können, dass die Liebe unter gewissen Bedingungen und auf noch unbekannte Art und Weise auftreten konnte. Diese Überzeugung diente ihm sehr wahrscheinlich während der letzten Monate, in denen er seine Theorie entwickelte – einen Zeitraum, über den wir nur sehr wenig wissen –, als Wegweiser.*«

Paulette klappt das Buch zu und legt es zurück auf das Nachttischchen.

»Michel kann sich den Umweg über die Religion sparen und Comtes Traum von einer großen sozialen Einheit mit Mitteln der Gentechnologie erfüllen. Er klont eine Menschenrasse mit genuin weiblichen, altruistischen Zügen, in der Liebe wieder möglich ist. Das ist das Resultat seiner gewagten Interpretation der Postulate der Quantenmechanik, ein ebenso aufklärerisches wie katholisches Projekt, das Houellebecq augenzwinkernd nach Irland verlegt.«

∼

Durch die offene Balkontür weht der Nachtwind einen milden Hauch herein. Agnès nippt an ihrem Perrier. »Ich halte nichts von Religion und auch nichts von Gentechnologie.«

»Was hältst Du von der Liebe? Glaubst Du nicht auch, dass sie *unter gewissen Bedingungen und auf noch unbekannte Art und Weise auftreten* kann?«

»… *auf noch unbekannte Art und Weise* …«, wiederholt Agnès, den Blick in sich kehrend. »Was diese Männer über Frauen schreiben, kann ich nicht beurteilen.«

»Aber die Beauvoir sagt es auch! Dass Frauen *mehr Charme* haben, dass sie *begehrenswerter* sind. *Weil sie schöner sind, weicher, ihre Haut ist angenehmer* …«

Agnès streicht sich durchs Haar, wie immer, wenn sie verlegen ist. Dann wendet sie sich ganz Paulette zu, um in ihre blau schimmernden, ein für allemal bezaubernden Augen zu blicken.

»Wenn Du ausgetrunken hast, werde ich Dich küssen«, flüstert Paulette.

Agnès stürzt ihren Perrier mit einem Schluck hinunter.

Samstag

Im Schatten der großen Platanen, die den Bahnhofsvor-
platz einrahmen, haben sich wie eine Woche zuvor viele
Menschen eingefunden, um Paaren beim Tangotanzen zu-
zuschauen. Die Violine, das Akkordeon und der Kontrabass
sind wunderbar melancholisch gestimmt. Agnès und Paulette mischen sich unter die Leute. Nach einer kleinen Weile
nimmt Agnès Paulette an der Hand und führt sie mitten auf
den Platz unter die Tanzenden.

»Aber ich …«

»Psst …«

Anhang

Unter jedem Wochentag wird zunächst soziologische Basisliteratur angeführt, auf der diese Einführung fußt. Bei den nach einer Leerzeile genannten Titeln handelt es sich entweder um soziologische und andere wissenschaftliche Fachliteratur, die der Explikation und Illustration soziologischer Zusammenhänge dient, oder um Quellen, die in die literarische Gestaltung der Romanhandlung eingeflossen sind. Ausgewiesen werden nur zitierte und namentlich genannte Quellen, nicht bloße Anspielungen.

Samstag
Grundlagen des Standardmodells: Sinneswahrnehmung,
soziale Wechselwirkung und soziales Kraftfeld

Simmel, Georg, »Über sociale Differenzierung [Kapitel 1. Einleitung. Zur Erkenntnistheorie der Socialwissenschaft]«, S. 109-295 [S. 115-138] in: Georg Simmel, *Aufsätze 1887-1890. Über sociale Differenzierung. Die Probleme der Geschichtsphilosophie (1892). Gesamtausgabe*, Bd. 2. Frankfurt am Main: Suhrkamp 1989.

Simmel, Georg, »Das Problem der Soziologie (incl. »Exkurs über das Problem: Wie ist Gesellschaft möglich?«)«, S. 13-62 in: Georg Simmel, *Soziologie. Untersuchungen über die Formen der Vergesellschaftung. Gesamtausgabe*, Bd. 11. Frankfurt am Main: Suhrkamp 1992.

Simmel, Georg, »Exkurs über die Soziologie der Sinne«, S. 722-742 in: Georg Simmel, *Soziologie. Untersuchungen über die Formen der Vergesellschaftung. Gesamtausgabe*, Bd. 11. Frankfurt am Main: Suhrkamp 1992.

Balzac, Honoré de, *Das Mädchen mit den Goldaugen*. Zürich: Diogenes 1986.

Beauvoir, Simone de, *Das andere Geschlecht. Sitte und Sexus der Frau*. Reinbek: Rowohlt 2000.

Berger, Peter L. und Luckmann, Thomas, *Die gesellschaftliche Konstruktion der Wirklichkeit. Eine Theorie der Wissenssoziologie*. Frankfurt am Main: S. Fischer 2003.

Esfeld, Michael, »Kausalität«, S. 89-107 in: Andreas Bartels und Manfred Stöckler (Hg.), *Wissenschaftstheorie. Ein Studienbuch*. Paderborn: Mentis 2007.

Fritzsch, Harald, *Elementarteilchen. Bausteine der Materie*. München: C. H. Beck 2004.

Houellebecq, Michel, *Elementarteilchen*. Reinbek: Rowohlt (rororo) 2006.

Hoyningen-Huene, Paul, »Reduktion und Emergenz«, S. 177-197 in: Andreas Bartels und Manfred Stöckler (Hg.), *Wissenschaftstheorie. Ein Studienbuch*. Paderborn: Mentis 2007.

Lakoff, George und Johnson, Mark, *Leben in Metaphern. Konstruktion und Gebrauch von Sprachbildern*. Heidelberg: Carl-Auer 2004.

Marx, Karl, »Zur Kritik der Hegelschen Rechtsphilosophie«, S. 207-224 in: Karl Marx, *Die Frühschriften*. Stuttgart: Kröner 1971.

Molière, Jean-Baptiste, *Der Bürger als Edelmann*. Stuttgart: Reclam 1993.

Rohmer, Eric, *Comédies et proverbes*, Bd. 1: *La Femme de l'aviateur, Le beau mariage, Pauline à la plage*. Paris: Cahiers du cinéma 1999.

Trenet, Charles, »La mer«, in: http://www.ezgeta.com/sea.html

Sonntag

Grundlagen des Standardmodells: Sinneswahrnehmung, Typisierung, soziales Handeln (traditional, emotional, rational) und Abläufe sozialen Handelns (Brauch [Sitte, Mode, Interessenlage], Konvention und Recht [soziale Ordnungen])

Simmel, Georg, »Über sociale Differenzierung [Kapitel 1. Einleitung. Zur Erkenntnistheorie der Socialwissenschaft]«, S. 109-295 [S. 115-138] in: Georg Simmel, *Aufsätze 1887-1890. Über sociale Differenzierung. Die Probleme der Geschichtsphilosophie (1892). Gesamtausgabe*, Bd. 2. Frankfurt am Main: Suhrkamp 1989.

Simmel, Georg, »Das Problem der Soziologie (incl. »Exkurs über das Problem: Wie ist Gesellschaft möglich?«)«, S. 13-62 in: Georg Simmel, *Soziologie. Untersuchungen über die Formen der Vergesellschaftung. Gesamtausgabe*, Bd. 11. Frankfurt am Main: Suhrkamp 1992.

Simmel, Georg, »Exkurs über die Soziologie der Sinne«, S. 722-742 in: Georg Simmel, *Soziologie. Untersuchungen über die Formen der Vergesellschaftung. Gesamtausgabe*, Bd. 11. Frankfurt am Main: Suhrkamp 1992.

Weber, Max, »Soziologische Grundbegriffe«, S. 1-30 in: Max Weber, *Wirtschaft und Gesellschaft. Grundriss der verstehenden Soziologie*. Tübingen: Mohr 1980.

Black Eyed Peas, »Where is the love«, in: http://www.magistrix.de/lyrics/Black%20Eyed%20Peas/Where-Is-The-Love-6525.html

Bourdieu, Pierre, »Über einige Eigenschaften von Feldern«, S. 107-114 in: ders., *Soziologische Fragen*. Frankfurt am Main: Suhrkamp 1993.

Bourdieu, Pierre, *Die Regeln der Kunst. Genese und Struktur des literarischen Feldes*. Frankfurt am Main: Suhrkamp 2001 [passim ad »Feld«].

Duane, Daniel, *Surf oder die Bretter, die die Welt bedeuten*. Hamburg: Marebuchverlag 2003.

Einstein, Albert und Infeld, Leopold, *Die Evolution der Physik*. Reinbek: Rowohlt 2004.

Esfeld, Michael, »Kausalität«, S. 89-107 in: Andreas Bartels und Manfred Stöckler (Hg.), *Wissenschaftstheorie. Ein Studienbuch*. Paderborn: Mentis 2007.

Fritzsch, Harald, *Elementarteilchen. Bausteine der Materie*. München: C. H. Beck 2004.

Houellebecq, Michel, *Elementarteilchen*. Reinbek: Rowohlt (rororo) 2007.

Hoyningen-Huene, Paul, »Reduktion und Emergenz«, S. 177-197 in: Andreas Bartels und Manfred Stöckler (Hg.), *Wissenschaftstheorie. Ein Studienbuch*. Paderborn: Mentis 2007.

Leconte de Lisle, Charles Marie René, »Midi«, S. 292-293 in: Charles Marie René Leconte de Lisle, *Poésies complètes*, Bd. 1: *Poèmes antiques*. Genf: Slatkine Reprints 1974 [eigene Übersetzung].

Quine, Willard Van Orman, »Natürliche Arten«, S. 157-189 in: Willard Van Orman Quine, *Ontologische Relativität und andere Schriften*. Stuttgart: Reclam 1975.

Simmel, Georg, »Exkurs über die Analogie der individualpsychologischen und der soziologischen Verhältnisse«, S. 850-855 in: Georg Simmel, *Soziologie. Untersuchungen über die Formen der Vergesellschaftung. Gesamtausgabe*, Bd. 11. Frankfurt am Main: Suhrkamp 1992.

Simmel, Georg, »Die Großstädte und das Geistesleben«, S. 116-131 in: Georg Simmel, Aufsätze *und Abhandlungen 1901-1908*, Bd. 1. *Gesamtausgabe*, Bd. 7. Frankfurt am Main: Suhrkamp 1995.

Weber, Max, »Die Wirtschaft und die gesellschaftlichen Ordnungen [§ 2. Rechtsordnung, Konvention und Sitte]«, S. 181-198 [S. 187-194] in: Max Weber, *Wirtschaft und Gesellschaft. Grundriss der verstehenden Soziologie*. Tübingen: Mohr 1980.

Weber, Max, »Objektive Möglichkeit und adäquate Verursachung in der historischen Kulturbetrachtung«, S. 266-290 in: Max Weber, *Gesammelte Aufsätze zur Wissenschaftslehre*. Tübingen: Mohr 1982.

Weber, Max, »R. Stammlers ›Überwindung‹ der materialistischen Geschichtsauffassung [Kapitel 4. Begriff der Regel]«, S. 291-359 [S. 322-359] in: Max Weber, *Gesammelte Aufsätze zur Wissenschaftslehre*. Tübingen: Mohr 1982.

Weber, Max, »Ueber einige Kategorien der verstehenden Soziologie [Kapitel 6. Einverständnis]«, S. 427-474 [S. 452-464] in: Max Weber, *Gesammelte Aufsätze zur Wissenschaftslehre*. Tübingen: Mohr 1982.

Montag
Grundlagen des Standardmodells: soziale Beziehung
(Vergemeinschaftung, Vergesellschaftung, Kampf, Konkurrenz),
Zweierbeziehung und Intimität, Dreierbeziehung und größere soziale
Einheiten in Bezug auf Abläufe sozialen Handelns, soziale Rolle

Dahrendorf, Ralf, *Homo Sociologicus. Ein Versuch zur Geschichte, Bedeutung und Kritik der Kategorie der sozialen Rolle.* Opladen: Westdeutscher Verlag 1974.

Simmel, Georg, »Über sociale Differenzierung [Kapitel 1. Einleitung. Zur Erkenntnistheorie der Socialwissenschaft]«, S. 109-295 [S. 115-138] in: Georg Simmel, *Aufsätze 1887-1890. Über sociale Differenzierung. Die Probleme der Geschichtsphilosophie (1892). Gesamtausgabe*, Bd. 2. Frankfurt am Main: Suhrkamp 1989.

Simmel, Georg, »Das Problem der Soziologie (incl. »Exkurs über das Problem: Wie ist Gesellschaft möglich?«)«, S. 13-62 in: Georg Simmel, *Soziologie. Untersuchungen über die Formen der Vergesellschaftung. Gesamtausgabe*, Bd. 11. Frankfurt am Main: Suhrkamp 1992.

Simmel, Georg, »Die quantitative Bestimmtheit der Gruppe«, S. 63-159 in: Georg Simmel, *Soziologie. Untersuchungen über die Formen der Vergesellschaftung. Gesamtausgabe*, Bd. 11. Frankfurt am Main: Suhrkamp 1992.

Simmel, Georg, »Exkurs über die Soziologie der Sinne«, S. 722-742 in: Georg Simmel, *Soziologie. Untersuchungen über die Formen der Vergesellschaftung. Gesamtausgabe*, Bd. 11. Frankfurt am Main: Suhrkamp 1992.

Simmel, Georg, »Exkurs über den Fremden«, S. 764-771 in: Georg Simmel, *Soziologie. Untersuchungen über die Formen der Vergesellschaftung. Gesamtausgabe*, Bd. 11. Frankfurt am Main: Suhrkamp 1992.

Simmel, Georg, »Die Erweiterung der Gruppe und die Ausbildung der Individualität«, S. 791-863 in: Georg Simmel, *Soziologie. Untersuchungen über die Formen der Vergesellschaftung. Gesamtausgabe*, Bd. 11. Frankfurt am Main: Suhrkamp 1992.

Weber, Max, »Soziologische Grundbegriffe«, S. 1-30 in: Max Weber, *Wirtschaft und Gesellschaft. Grundriss der verstehenden Soziologie.* Tübingen: Mohr 1980.

Barrault, Jean-Louis, *Erinnerungen für morgen.* Frankfurt am Main: S. Fischer 1975.

Goffman, Erving, *Wir alle spielen Theater. Die Selbstdarstellung im Alltag.* München, Zürich: Piper 2003.

Houellebecq, Michel, *Elementarteilchen.* Reinbek: Rowohlt (rororo) 2007.

Ionesco, Eugène, *Der Einzelgänger.* München: dtv 1980.

Kondylis, Panajotis, *Die Aufklärung im Rahmen des neuzeitlichen Rationalismus.* München: dtv/Klett-Cotta 1986.

Maihofer, Werner, *Vom Sinn menschlicher Ordnung.* Frankfurt am Main: Klostermann 1956.

Malevic, Kasimir, »Die Faulheit als tatsächliche Wahrheit der Menschheit«, in: http://www.dissense.de/nt/malevich.html

Mallarmé, Stéphane, »Der Nachmittag eines Fauns«, S. 60-67 in: Stéphane Mallarmé, *Sämtliche Dichtungen. Mit einer Auswahl poetologischer Schriften.* München: Hanser 1992.

Marx, Karl, »Manifest der kommunistischen Partei«, S. 525-560 in: Karl Marx, *Die Frühschriften.* Stuttgart: Kröner 1971.

Nizon, Paul, *Das Jahr der Liebe.* Frankfurt am Main: Suhrkamp 1984.

Shakespeare, William, »Wie es euch gefällt«, S. 651-729 in: William Shakespeare, *Sämtliche Werke in vier Bänden*, Bd. 1: *Komödien.* Stuttgart: Parkland 1974.

Simmel, Georg, »Der Raum und die räumlichen Ordnungen der Gesellschaft [E. 1]«, S. 687-790 [S. 748-755] in: Georg Simmel,

Soziologie. Untersuchungen über die Formen der Vergesellschaftung.
Gesamtausgabe, Bd. 11. Frankfurt am Main: Suhrkamp 1992.

Simmel, Georg, »Exkurs über die Analogie der individualpsychologischen und der soziologischen Verhältnisse«, S. 850-855 in: Georg Simmel, *Soziologie. Untersuchungen über die Formen der Vergesellschaftung. Gesamtausgabe*, Bd. 11. Frankfurt am Main: Suhrkamp 1992.

Thompson, Edward P., *Die Entstehung der englischen Arbeiterklasse*, 2 Bde. Frankfurt am Main: Suhrkamp 1987.

Weber, Max, »R. Stammlers ›Überwindung‹ der materialistischen Geschichtsauffassung [Kapitel 4. Begriff der Regel]«, S. 291-359 [S. 322-359] in: Max Weber, *Gesammelte Aufsätze zur Wissenschaftslehre*. Tübingen: Mohr 1982.

Weber, Max, »Die protestantische Ethik und der Geist des Kapitalismus«, S. 17-206 in: Max Weber *Gesammelte Aufsätze zur Religionssoziologie*, Bd. 1. Tübingen: Mohr 1988.

Dienstag
Explikation des Standardmodells am Beispiel kommunaler Ordnung:
Recht, Macht, Herrschaft; Geschichte der bürgerlichen Gesellschaft (1):
Geheimgesellschaft, Eigentumsmarktgesellschaft, Weltgesellschaft

Popitz, Heinrich, »Prozesse der Machtbildung«, S. 185-231 u. 270-273 in: Heinrich Popitz, *Phänomene der Macht*. Tübingen: Mohr 1992.

Simmel, Georg, »Das Geheimnis und die geheime Gesellschaft«, S. 383-455 in: Georg Simmel, *Soziologie. Untersuchungen über die Formen der Vergesellschaftung. Gesamtausgabe*, Bd. 11. Frankfurt am Main: Suhrkamp 1992.

Tönnies, Ferdinand, *Gemeinschaft und Gesellschaft. Grundbegriffe der reinen Soziologie*. Darmstadt: Wissenschaftliche Buchgesellschaft 1979.

Weber, Max, »Soziologische Grundbegriffe«, S. 1-30 in: Max Weber, *Wirtschaft und Gesellschaft. Grundriss der verstehenden Soziologie*. Tübingen: Mohr 1980.

Ariès, Philippe und Duby, Georges (Hg.), *Geschichte des privaten Lebens*, Bd. 3: Ariès, Philippe und Chartier, Roger (Hg.), *Von der Renaissance zur Aufklärung*. Augsburg: Bechtermünz 1999.

Code Napoléon. Napoleons Gesetzbuch, hg. von K.-D. Wolff. Frankfurt am Main: Stroemfeld 2001.

Delacroix, Eugène, »Die Freiheit führt das Volk«, 1830, in: http://img238.imageshack.us/img238/3307/tsi5delacroix 001fxb4.jpg

Gerhards, Ernst, »Bourgeoisie in Frankreich«, in: *Kursbuch* 42, 1975, S. 155-171.

Hegel, Georg Wilhelm Friedrich, *Grundlinien der Philosophie des Rechts. Werke in zwanzig Bänden*, Bd. 7. Frankfurt am Main: Suhrkamp 1982.

Hegel, Georg Wilhelm Friedrich, *Philosophie des Rechts. Die Vorlesung von 1819/20 in einer Nachschrift*. Frankfurt am Main: Suhrkamp 1983.

Hinrichs, Ernst (Hg.), *Kleine Geschichte Frankreichs*. Stuttgart: Reclam 1997.

Hirschman, Albert O., *Leidenschaften und Interessen. Politische Begründungen des Kapitalismus vor seinem Sieg*. Frankfurt am Main: Suhrkamp 1980.

Houellebecq, Michel, *Elementarteilchen*. Reinbek: Rowohlt (rororo) 2007.

Kantor, Tadeusz, »Das Seekonzert«, S. 150-151 in: Tadeusz Kantor, *Ein Reisender – seine Texte und Manifeste*. Nürnberg: Verlag für moderne Kunst 1988.

Koselleck, Reinhart, *Krise und Kritik. Eine Studie zur Pathogenese der bürgerlichen Welt*. Frankfurt am Main: Suhrkamp 1973.

Macpherson, C. B., *Die politische Theorie des Besitzindividualismus. Von Hobbes bis Locke*. Frankfurt am Main: Suhrkamp 1973.

Marx, Karl, »Manifest der kommunistischen Partei«, S. 525-560 in: Karl Marx, *Die Frühschriften*. Stuttgart: Kröner 1971.

Schulze, Hagen, *Staat und Nation in der europäischen Geschichte*. München: C. H. Beck 1999

Simmel, Georg, »Soziologie der Konkurrenz«, S. 221-246 in: Georg Simmel, Aufsätze *und Abhandlungen 1901-1908*, Bd. 1. *Gesamtausgabe*, Bd. 7. Frankfurt am Main: Suhrkamp 1995.

Trenet, Charles, »La mer«, in: http://www.ezgeta.com/sea. html

Weber, Max, »Die drei reinen Typen der legitimen Herrschaft«, S. 475-488 in: Max Weber, *Gesammelte Aufsätze zur Wissenschaftslehre*. Tübingen: Mohr 1980.

Mittwoch

Explikation des Standardmodells am Beispiel der Kleiderordnung
(Oben-ohne und Mode): Konvention, Stand, Prestige, soziale
Schließung; Geschichte der bürgerlichen Gesellschaft (2): Sozialstruktur
des Bürgertums, soziale Differenzierung, Niedergang des Bürgertums
und Entstehung der Massendemokratie

Kaufmann, Jean-Claude, *Frauenkörper – Männerblicke*. Konstanz: UVK 1996.

Kondylis, Panajotis, *Der Niedergang der bürgerlichen Denk- und Lebensform. Die liberale Moderne und die massendemokratische Postmoderne*. Weinheim: VCH Acta humaniora 1991.

Simmel, Georg, »Philosophie der Mode«, S. 7-37 in: Georg Simmel, *Philosophie der Mode. Die Religion. Kant und Goethe. Schopenhauer und Nietzsche. Gesamtausgabe*, Bd. 10. Frankfurt am Main: Suhrkamp 1995.

Weber, Max, »Soziologische Grundbegriffe«, S. 1-30 in: Max Weber, *Wirtschaft und Gesellschaft. Grundriss der verstehenden Soziologie*. Tübingen: Mohr 1980.

Weber, Max, »Klassen, Stände, Parteien«, S. 531-540 in: Max Weber, *Wirtschaft und Gesellschaft. Grundriss der verstehenden Soziologie*. Tübingen: Mohr 1980.

Ariès, Philippe und Duby, Georges (Hg.), *Geschichte des privaten Lebens*, Bd. 4: Perrot, Michelle (Hg.), *Von der Revolution zum Großen Krieg*. Augsburg: Bechtermünz 1999.

Ariès, Philippe und Duby, Georges (Hg.), *Geschichte des privaten Lebens*, Bd. 5: Prost, Antoine und Vincent, Gérard (Hg.), *Vom Ersten Weltkrieg zur Gegenwart*. Augsburg: Bechtermünz 1999.

Atteslander, Peter, *Methoden der empirischen Sozialforschung*. Berlin: Erich Schmidt 2008.

Balzac, Honoré de, *Das Mädchen mit den Goldaugen*. Zürich: Diogenes 1986.

Barthes, Roland, »Strip-tease«, S. 66-72 in: Roland Barthes, *Mythen des Alltags*. Frankfurt am Main: Suhrkamp 1964.

Benjamin, Walter, »Der Flaneur«, S. 524-569 in: Walter Benjamin, *Das Passagen-Werk. Gesammelte Schriften*, Bd. 5.1. Frankfurt am Main: Suhrkamp 1982.

Bourdieu, Pierre, »Haute couture und haute culture«, S. 187-196 in: Pierre Bourdieu, *Soziologische Fragen.* Frankfurt am Main: Suhrkamp 1993.

Declerck, Patrick, »Gaston, maître flemme«, in: *Magazine littéraire* 433, 2004, S. 27.

Delacroix, Eugène, »Die Freiheit führt das Volk«, 1830, in: http://de.wikipedia.org/wiki/Die_Freiheit_f%C3%BChrt_das_Volk

Gerhards, Ernst, »Bourgeoisie in Frankreich«, in: *Kursbuch* 42, 1975, S. 155-171.

Haupt, Heinz-Gerhard, »Der Konsument«, S. 301-323 in: Ute Frevert und Heinz-Gerhard Haupt (Hg.), *Der Mensch des 20. Jahrhunderts.* Frankfurt am Main, New York: Campus 1999.

Herédia, José Maria de, »Mittagsruhe«, (nicht paginiert) in: José Maria de Herédia, *Trophäen.* München: Hyperion 1909 [Übersetzung davon abweichend nach Paquot, Thierry, *Siesta. Die Kunst des Mittagsschlafs.* Köln: vgs 2000].

Hinrichs, Ernst (Hg.), *Kleine Geschichte Frankreichs.* Stuttgart: Reclam 1997.

Houellebecq, Michel, *Elementarteilchen.* Reinbek: Rowohlt (rororo) 2007.

Lagaffe, Gaston, in: http://www.gastonlagaffe.com

Lakoff, George und Johnson, Mark, *Leben in Metaphern. Konstruktion und Gebrauch von Sprachbildern.* Heidelberg: Carl-Auer 2004.

Manet, Andrea, *Eingeladen in Paris. Der französische Lebensstil.* Wiesbaden: Rheinische Verlags-Anstalt o. J.

Marx, Karl, »Manifest der kommunistischen Partei«, S. 525-560 in: Karl Marx, *Die Frühschriften.* Stuttgart: Kröner 1971.

Nizon, Paul, »Exkurs über die französische Frau«, S. 20-31 in: Paul Nizon, *Über den Tag und durch die Jahre. Essays, Nachrichten, Depeschen.* Frankfurt am Main: Suhrkamp 1991.

Piaf, Ethih, »La vie en rose«, in: http://www.magistrix.de/lyrics/Edith%20Piaf/La-Vie-En-Rose-197540.html

Rawsthorn, Alice, *Yves Saint Laurent. Die Biographie.* Reinbek: Rowohlt 2000.

Schulze, Hagen, *Staat und Nation in der europäischen Geschichte.* München: C. H. Beck 1999.

Simmel, Georg, »Der Bildrahmen. Ein ästhetischer Versuch«, S. 101-108 in: Georg Simmel, Aufsätze *und Abhandlungen 1901-1908*, Bd. 1. *Gesamtausgabe*, Bd. 7. Frankfurt am Main: Suhrkamp 1995.

Simmel, Georg, »Exkurs über den Adel«, S. 816-831 in: Georg Simmel, *Soziologie. Untersuchungen über die Formen der Vergesellschaftung. Gesamtausgabe*, Bd. 11. Frankfurt am Main: Suhrkamp 1992.

Tucker, Andrew und Kingswell, Tamsin, *Mode*. München, London, New York: Prestel 2000.

Weber, Max, »Die rationale Staatsanstalt und die modernen politischen Parteien und Parlamente (Staatssoziologie)«, S. 815-868 in: Max Weber, *Wirtschaft und Gesellschaft. Grundriss der verstehenden Soziologie*. Tübingen: Mohr 1980.

Wegener, Bernd, »Gibt es Sozialprestige?«, in: *Zeitschrift für Soziologie* 14, 1985, S. 209-235.

What's New Pussycat?, in: http://german.imdb.com/title/tt0059903/

Donnerstag

Explikation des Standardmodells am Beispiel des Flirts: Brauch; Geschichte der (bürgerlichen) Gesellschaft (3): Geschlechterverhältnisse

Kondylis, Panajotis, *Der Niedergang der bürgerlichen Denk- und Lebensform. Die liberale Moderne und die massendemokratische Postmoderne*. Weinheim: VCH Acta humaniora 1991.

Simmel, Georg, »Exkurs über die Soziologie der Sinne«, S. 722-742 in: Georg Simmel, *Soziologie. Untersuchungen über die Formen der Vergesellschaftung. Gesamtausgabe*, Bd. 11. Frankfurt am Main: Suhrkamp 1992.

Simmel, Georg, »Die Koketterie«, S. 256-277 in: Georg Simmel, *Hauptprobleme der Philosophie. Philosophische Kultur. Gesamtausgabe*, Bd. 14. Frankfurt am Main: Suhrkamp 1996.

Weber, Max, »Soziologische Grundbegriffe«, S. 1-30 in: Max Weber, *Wirtschaft und Gesellschaft. Grundriss der verstehenden Soziologie*. Tübingen: Mohr 1980.

Ariès, Philippe und Duby, Georges (Hg.), *Geschichte des privaten Lebens*, Bd. 4: Perrot, Michelle (Hg.), *Von der Revolution zum Großen Krieg*. Augsburg: Bechtermünz 1999.

Balzac, Honoré de, *Glanz und Elend der Kurtisanen*. Frankfurt am Main: Insel 2003.

Camus, Albert, »Der Mythos von Sisyphos«, S. 98-101 in: Albert

Camus, *Der Mythos von Sisyphos. Ein Versuch über das Absurde.* Reinbek: Rowohlt 1980.

Casta-Rosaz, Fabienne, *Histoire du flirt. Les jeux de l'innocence et de la perversité.* Paris: Bernard Grasset 2000.

Code Napoléon. Napoleons Gesetzbuch, hg. von K. D. Wolff. Frankfurt am Main: Stroemfeld 2001.

Flaubert, Gustave, *Die Erziehung des Herzens. Geschichte eines jungen Mannes.* Zürich: Diogenes 1979.

Gainsbourg, Serge, »Je t'aime moi non plus«, 1969, in: http://www.paroles.net/chanson/16905.1

Gouges, Olympe de, *Mensch und Bürgerin. »Die Rechte der Frau« (1791).* Aachen: ein-FACH-verlag 1995.

Hinrichs, Ernst (Hg.), *Kleine Geschichte Frankreichs.* Stuttgart: Reclam 1997.

Houellebecq, Michel, *Elementarteilchen.* Reinbek: Rowohlt (rororo) 2007.

Mummendey, Hans-Dieter, *Die Bauchtänzerin.* Münster: Neues Literaturkontor 1991.

Pohrt, Wolfgang, »Liebe und Geld bei Balzac«, S.7-16 in: Wolfgang Pohrt, *Endstation. Über die Wiedergeburt der Nation.* Berlin: Rotbuch 1983.

Tucker, Andrew und Kingswell, Tamsin, *Mode.* München, London, New York: Prestel 2000.

Freitag
Geschichte der (bürgerlichen) Gesellschaft (4):
Individualisierung, soziale Mobilität, Arbeit und Freizeit, sozialer
Ausschluss, soziale Solidarität, die Notwendigkeit der Soziologie

Bauman, Zygmunt, *Flüchtige Moderne.* Frankfurt am Main: Suhrkamp 2003.

Beck, Ulrich, »Individualisierung, Institutionalisierung und Standardisierung von Lebenslagen und Biographiemustern«, S.205-219 in: Ulrich Beck, *Risikogesellschaft. Auf dem Weg in eine andere Moderne.* Frankfurt am Main: Suhrkamp 1986.

Kondylis, Panajotis, *Der Niedergang der bürgerlichen Denk- und Lebensform. Die liberale Moderne und die massendemokratische Postmoderne.* Weinheim: VCH Acta humaniora 1991.

Sennett, Richard, *Der flexible Mensch. Die Kultur des neuen Kapitalismus.* Berlin: Siedler 1998.

Simmel, Georg, »Soziologie der Konkurrenz«, S.221-246 in: Georg Simmel, Aufsätze *und Abhandlungen 1901-1908*, Bd.1. *Gesamtausgabe*, Bd.7. Frankfurt am Main: Suhrkamp 1995.

Simmel, Georg, »Die quantitative Bestimmtheit der Gruppe«, S.63-159 in: Georg Simmel, *Soziologie. Untersuchungen über die Formen der Vergesellschaftung. Gesamtausgabe*, Bd.11. Frankfurt am Main: Suhrkamp 1992.

Simmel, Georg, »Das Geheimnis und die geheime Gesellschaft«, S.383-455 in: Georg Simmel, *Soziologie. Untersuchungen über die Formen der Vergesellschaftung. Gesamtausgabe*, Bd.11. Frankfurt am Main: Suhrkamp 1992.

Weber, Max: »Soziologische Grundbegriffe«, S.1-30 in: Max Weber, *Wirtschaft und Gesellschaft. Grundriss der verstehenden Soziologie.* Tübingen: Mohr 1980.

Black Eyed Peas, »Where is the love«, in: http://www.magistrix.de/lyrics/Black%20Eyed%20Peas/Where-Is-The-Love-6525.html

Bolz, Norbert, *Das konsumistische Manifest.* München: Wilhelm Fink 2002.

Comte, Auguste, *Synthèse subjective, ou Système universel des conceptions propres à l'état normal de l'Humanité*, Bd.1: *Contenant le Système de logique positive ou Traité de philosophie mathématique.* Paris: Auteur 1856.

Comte, Auguste, *Système de politique positive, ou Traité de sociologie, instituant la religion de l'Humanité*, 4 Bde. Osnabrück: Zeller 1967.

Comte, Auguste, *Correspondance générale et confessions*, Bd.3: *avril 1845 – avril 1846.* Paris: Editions de l'EHESS 1977.

Comte, Auguste, *Théorie génerale de la religion, ou Théorie positive de l'unité humaine.* Avec une préface de Michel Houellebecq. Paris: Mille et une nuits 2005.

Dionysios, Lucifer, »Sonne und Faulheit«, S.5-11 in: Paul Lafargue, *Das Recht auf Faulheit.* o.O.: Edition Sonne & Faulheit 1980.

Fühner, Ruth, »Völker, leert die Regale! Die Lust am Konsum«, S.57-70 in: Peter Kemper (Hg.), *Der Trend zum Event.* Frankfurt am Main: Suhrkamp 2001.

Higgs, Peter, »Broken symmetries, massless particles and gauge fields«, in: *Physics Letters* 12, 1964, S. 132-133.

Higgs, Peter, »Broken symmetries and masses of gauge bosons«, in: *Physical Review Letters* 13, 1964, S. 508-509.

Hobsbawm, Eric, »Die kulturelle Revolution«, S. 402-431 in: Eric Hobsbawm, *Das Zeitalter der Extreme. Weltgeschichte des 20. Jahrhunderts.* München: dtv 1999.

Houellebecq, Michel, *Elementarteilchen.* Reinbek: Rowohlt (rororo) 2007.

Koselleck, Reinhart, *Kritik und Krise. Eine Studie zur Pathogenese der bürgerlichen Welt.* Frankfurt am Main: Suhrkamp 1973.

Lafargue, Paul, *Das Recht auf Faulheit.* o. O.: Edition Sonne & Faulheit 1980.

Malevic, Kasimir, »Die Faulheit als tatsächliche Wahrheit der Menschheit«, in: http://www.dissense.de/nt/malevich.html

Rauchhaupt, Ulf von, »Higgs-Feld: Die Quelle der Langsamkeit«, in: *Frankfurter Allgemeine Sonntagszeitung* 31 vom 03.04.2005, S. 71.

Schwarzer, Alice und Beauvoir, Simone de, *Weggefährtinnen im Gespräch* [Gespräche von 1972 bis 1982]. Köln: Kiepenheuer & Witsch 2007.

Sombart, Nicolaus, *Pariser Lehrjahre 1951-1954. Leçons de Sociologie.* Frankfurt am Main: S. Fischer 1996.

Sombart, Nicolaus, *Journal intime 1982/83. Rückkehr nach Berlin.* Berlin: Aufbau Verlag 2005.

Nachwort

Diese Einführung in die Soziologie geht davon aus, dass die Werke der Klassiker Georg Simmel (1858-1918) und Max Weber (1864-1920) den besten Einstieg in die Soziologie bieten, wenn man sie inhaltlich zusammenführt und ihre gegensätzlichen Stile aufhebt. Noch frei vom späteren Fachjargon, lässt sich der essayistisch-assoziierende Stil des Einen mit dem definitorisch-abstrahierenden Stil des Anderen in einer literarischen Form vermitteln, die den Leserinnen und Lesern soziologisches Denken ebenso anschaulich wie systematisch erschließt und ihnen gleichzeitig einen Einblick in die heutige Gesellschaft in ihrem So-und-nicht-anders-Gewordensein gibt.

Zu diesem Zweck wird die Geschichte von Paulette am Strand erzählt, die sich dem Spielfilm *Pauline am Strand* Eric Rohmers verpflichtet weiß, auch wenn sie eigene Wege geht, denen es an Spannung nicht fehlt. Verpflichtet weiß sie sich nicht nur hinsichtlich des Plaudertons, in den die dialogische Struktur zwischen Lehrenden und Lernenden eingezeichnet wurde, die an antike Autoren erinnert. Verpflichtet weiß sie sich auch hinsichtlich der Flüssigkeit ihres maritimen Ambientes, hat doch mit dem Wandel der bürgerlichen Gesellschaft der Moderne zur massendemokratischen Weltgesellschaft der Postmoderne der Strand die Großstadt als Symbol der Gesellschaft abgelöst.

Paulette ist eine 19 Jahre junge Französin, die sich in Paris mit Jobs durchbringt, aber lieber Soziologie studieren möchte. Im Urlaub in der Bretagne trifft sie Agnès, eine Soziologin, die einen Bootsverleih betreibt und Surfunterricht erteilt. Agnès führt Paulette anhand konkreter Beispiele wie dem Flirt, dem Oben-ohne, der Mode, dem Besuch eines

Strandtheaters etc. in das soziologische Denken ein und erzählt ihr nebenbei die Geschichte der Gesellschaft von ihren Anfängen als Geheimgesellschaft im absolutistischen Staat bis hin zum absolutistischen *global village*, in dem, wie die naseweise Paulette herausfinden wird, neue Geheimnisse gehütet werden, nicht zuletzt von Agnès ...

Dieser Roman zur Einführung in die Soziologie folgt dem Ablauf einer Urlaubswoche. Jeder Wochentag ist der Explikation soziologischer Grundgedanken und Grundbegriffe gewidmet, die im Anhang aufgelistet sind. In diesem Anhang werden auch die verwendeten Grundlagentexte und Quellen genannt, so dass die Leserinnen und Leser die soziologische Fachliteratur begleitend und vertiefend nachlesen können.

Allen zu danken, die mir geholfen haben, den Text in diese Fassung zu bringen, ist an dieser Stelle leider nicht möglich. Daniel Brandenburg, Aenne Glienke, Peter Gostmann, Stefan Graupner, Hanna Haag, Claudius Härpfer, Friedhelm Herborth, Karin Ikas, Katharina Liebsch, Hans Dieter Mummendey, Anke Schild und Marina Wagner gilt mein besonderer Dank. Nicht zuletzt danke ich meinen Frankfurter Studentinnen und Studenten für Ihre Anregungen und Kritik, vor allem aber für ihre Begeisterung, die sie diesem unzeitgemäßen didaktischen Konzept entgegengebracht haben.